Auf Wanderschaft

Florian Werner

Auf Wanderschaft

Ein Streifzug durch Natur und Sprache

Inhalt

*Himmlisch schön und gut und uralt einfach ist
es ja, zu Fuß zu gehen. Anzunehmen ist, dass das
Schuhwerk und Stiefelzeug in Ordnung ist.*

Robert Walser

Wandern ist die einfachste Sache der Welt. Es erfordert keine
Ausbildung, keine ausgefeilte Technik, kaum Ausrüstung.
Alles, was man dafür braucht, sind ein Paar Stiefel, Socken,
bequeme Kleidung, vielleicht noch ein Rucksack und Regenschutz. Wobei: Wenn man das berühmte Foto von Hermann Hesse betrachtet, wie er Anfang des 20. Jahrhunderts
splitterfasernackt und barfuß durch die Schweizer Bergwelt
kraxelte, benötigt man vielleicht noch nicht einmal das.
Beim Wandern sind wir auf unsere Natur, auf die grund-
legendsten Dimensionen unseres Daseins zurückgeworfen:
Gehen. Klettern. Schwitzen. Atmen. Ausruhen. Ein Kinder-
spiel. Einerseits.
Andererseits ist Wandern hochkompliziert. Über dem
scheinbar so schlichten körperlichen Akt erhebt sich ein Gebirge aus Bedeutungen, Bildern, Liedern, Texten und symbolischen Gesten. Je nachdem, wer wann wohin und in welcher
Gesellschaft wandert, spaziert oder marschiert, kann es fast
alles bedeuten: Eine Wanderung kann zur Selbsterkenntnis
oder zum Vergessen führen. Sie kann ein politisches State-
ment darstellen oder eine sportliche Höchstleistung, kann
eine künstlerische Geste sein oder eine Zurschaustellung
der Macht, eine Flucht oder ein Vorwand zum Flirten, ein

Anlass zum Singen, Skizzieren und Schreiben. Alle wesentlichen Dimensionen des Menschseins werden beim Wandern gestreift.

Allerdings noch nicht allzu lange. Obwohl es sich beim Gehen um eine wahrhaft ur-menschliche Tätigkeit handelt, ist das Wandern, wie wir es kennen, eine Erfindung der Moderne. Unsere Vorfahren mögen sich schon seit Tausenden von Jahren auf der Suche nach Wasser, Nahrung, neuen Wohnstätten, Handelspartnern oder spiritueller Erlösung zu Fuß fortbewegt haben – das Gehen als Selbstzweck, als zielloses Lustwandern, setzte sich als Kulturtechnik erst gegen Ende des 18. Jahrhunderts durch, zusammen mit anderen Ideen wie der Aufklärung, der allgemeinen Freiheit und Gleichheit, der Demokratie. Anders gesagt: Das moderne Subjekt kam nicht zuletzt als *homo viator* auf die Welt: als Wanderer.

Beziehungsweise als Wanderin. War das einsame, zweckfreie Gehen nämlich zunächst noch vorwiegend Männern vorbehalten, so schnürten im Lauf des 19. Jahrhunderts zunehmend auch Frauen Rucksack und Wanderschuhe, um sich als selbstbestimmte, mündige Bürgerinnen in der freien Natur – oder auch in der Wildnis der Städte – zu erfahren. Bezeichnenderweise war Simone de Beauvoir eine passionierte Bergsteigerin und Virginia Woolf eine der ersten Flâneusen. Und die sogenannten Suffragetten verliehen ihren politischen Forderungen – wie etliche diskriminierte Gruppen nach ihnen – durch kollektive Demonstrationsmärsche Nachdruck. Man sieht: Wandern ist mehr als nur eine rhythmische Bewegung der Beine, es kann auch politische Prozesse in Gang setzen. Im besten Fall kann es die Welt bewegen.

In 30 essayistischen Streifzügen erkundet dieses Buch die Geschichte und Gegenwart dieser weltbewegenden, scheinbar so einfachen und doch zugleich so komplizierten Tätigkeit. Anhand zahlreicher Beispiele aus Literatur, Musik, bildender Kunst und Philosophie erklärt es, warum man beim Gehen so gut dichten und denken kann. Wie sich das Wetter auf die Form der Wanderlieder auswirkt. Wie man eine Landkarte als literarischen Text liest. Weshalb die meisten Wege nach Westen führen. Wie, wo und wann man andere Wandernde grüßt. Und warum es wichtig ist, sich auch hin und wieder zu verlaufen.

Ausflüge in die Sprachwissenschaft zeigen, auf welchem Weg die verhandelten Stichwörter ins Neuhochdeutsche gekommen sind und welches historische Gepäck sie mit sich tragen. Einleitende, anhand des Duden-Korpus akkumulierte Wortwolken verdeutlichen, in welcher semantischen Umgebung diese Begriffe bevorzugt anzutreffen sind. Die Anordnung der Kapitel folgt dem Alphabet, sie führt von A wie *Aufrecht* bis Z wie *Zwecklos*.

Trotzdem verfolgt dieses Buch einen Zweck: Es will das Wandern, diesen herrlichen Zeitvertreib, in all seinen Facetten verständlich machen. Es will den nächsten Weg, wohin er auch führen mag, noch leuchtender, vielseitiger und abgründiger erscheinen lassen. Und es will natürlich zum Gehen verführen, die Wanderlust wecken. Auf geht's!

Aufrecht

 Haltung, Gang, Charakter, Selbstbild, Bürger, Mensch

Im weiteren Sinn und Sprachgebrauch begeben sich alle möglichen Lebewesen auf Wanderschaft, ganz gleich, ob sie vier oder sechs Beine, Flossen oder Flügel haben: Ameisen, Bisons, Gazellen, Heuschrecken, Lachse, Wale und Zugvögel. Im engeren Sinn hingegen können nur wir Menschen wandern: einen Rucksack auf dem Rücken, ein Lied auf den Lippen, einen → Stab in den Greiforganen der oberen Extremitäten, den Blick auf das Nebelmeer gerichtet oder zum Sternenhimmel erhoben. Im engeren Sinn benötigt man zum Wandern zwei Füße – und den aufrechten Gang.

Seit der Antike zählt die aufrechte Körperhaltung zum wesentlichen Signum des Menschseins, zu dem, was uns von den Tieren unterscheidet. So definierte schon Platon den Menschen als »unbefiederten Zweifüßer« – woraufhin ihm sein Widersacher Diogenes prompt ein gerupftes Huhn in die Akademie stellte und verkündete: »Hier steht Platons Mensch!« Trotz solch unqualifizierter Einwürfe konnte sich die Bestimmung über Jahrtausende hinweg behaupten.

Der römische Dichter Ovid schreibt in den *Metamorphosen*, dass Prometheus den Menschen nach dem Bild der Götter geformt und ihm den aufrechten Gang verliehen habe, damit er die himmlischen Herrscher sehen und ehren könne: »Und da in Staub vorwärts die anderen Leben hinabschaun, / Gab er dem Menschen erhabenen Blick, und den Himmel zu betrachten / Lehret' er ihn, und empor zum Gestirn aufheben das Antlitz.« Auch im christlichen Mittelalter wurde die zweibeinige Fortbewegungsweise immer wieder als Beleg für die bevorzugte kreatürliche Stellung des Menschen bemüht. Der aufrechte Gang galt also nicht bloß als Frage der menschlichen Physis, sondern auch der Metaphysik.

Erst in der Neuzeit wurde das Gehen auf den Hinterbeinen problematisiert. Zum einen geriet der Glaube an einen allmächtigen, allwissenden und allgütigen Gott ins Stolpern. »Der Blick nach oben, in der klassischen Welt das Privileg des Menschen, richtet sich nun auf eine große Leere«, so der Philosoph Kurt Bayertz in seiner Studie *Der aufrechte Gang* (2012): »Der Himmel ist keine Quelle der Orientierung mehr; er offeriert keinen Sinn, sondern bleibt (im besten Fall) gleichgültig gegenüber dem Menschen, seinem Leben, seinem Schicksal.« Wo kein Gott existiert, gibt es auch keine gottesebenbildliche Kreatur, die ihm durch ihre Körperhaltung nahekommen könnte.

Zum anderen wurde die Bipedie zunehmend als das erkannt, was sie naturwissenschaftlich betrachtet tatsächlich ist: eine gesundheitlich fragwürdige Körperhaltung, die stets mit dem Risiko des Stürzens behaftet ist. So referierte der italienische Anatom Pietro Moscati 1770, dass es »zweifelhaft sei, ob nicht die horizontale Stellung dem Menschen zuträglicher als die aufrechte sei«: Schließlich erfordere Letztere eine höhere Pumpleistung des Herzens und könne daher »Verstopfungen der Leber, der Milz, des Gekröses«, ja sogar schwere psychische Leiden nach sich ziehen. Und der Philosoph Arthur Schopenhauer formulierte 1819 in der ihm eigenen schwarzgalligen Lakonie, dass »wie bekanntlich unser Gehen nur ein stets gehemmtes Fallen ist, das Leben unseres Leibes nur (…) ein immer aufgeschobener Tod ist: Endlich ist ebenso die Regsamkeit unseres Geistes eine fortdauernd

Hermann Hesse beim Nacktwandern bei Amden oberhalb des
Walensees (1910)

zurückgeschobene Langeweile«. Der aufrechte Gang wurde zum Inbegriff der prekären, allzeit von Scheitern, Sterblichkeit und Überdruss bedrohten Situation des Menschen.

Kein Wunder, dass Wandernde seit der Moderne immer wieder mit dem Gedanken gespielt haben, diese wacklige Körperhaltung aufzugeben und zur Quadrupedie zurückzukehren – jener Fortbewegungsweise, die unsere Vorfahren vor über drei Millionen Jahren aufgegeben haben. Wer auf allen Vieren geht beziehungsweise krabbelt, macht sich mit Gnus und Gazellen gemein – er wird wieder zum nicht-menschlichen Tier, oder doch wenigstens zum nicht-erwachsenen Menschen (→ Natur). Durch seine Haltung verweigert er sich der allgegenwärtigen »Vertikalspannung«, die uns dem Philosophen Peter Sloterdijk zufolge nach immer höheren Zielen streben lässt.

Dies gilt für die Pilgerinnen und Pilger, die auf dem Weg zum Wallfahrtsort Fátima in Portugal auf Händen und Knien rutschen und sich so zu hilflosen Kindern vor einem omnipotenten Vater-Gott machen. Es gilt aber auch für die säkularen Wanderer im Diesseits, die bei Berg- oder Skitouren bevorzugt den Einkehrschwung praktizieren und sich qua Alkoholmissbrauch vorübergehend der Insignien des Menschseins entledigen: der Ratio, der artikulierten Sprache, vor allem aber des aufrechten Gangs. »Ich gehe aus und trinke. Eine idiotische Freude«, schreibt der norwegische Autor Tomas Espedal in *Gehen* (2007): »Die Freude darüber, zu schwanken und die Worte und das Gleichgewicht zu verlieren, zu torkeln und zu kriechen, es ist fast, als würde man wieder zum Kind.« Immerhin versucht der Erzähler diese Entscheidung zum Regress unter Bezug auf Jean-Jacques Rousseau philosophiegeschichtlich zu adeln. »Zurück zur

Natur? Der Naturzustand, ein Tier, nein, das ist nicht komisch, kein Scherz, es ist Ernst: Wir wollen hinab. Auf allen vieren gehen, auf den Hund kommen. Das Aufrechte vergessen, alles, was wir hochhalten, wir wollen hinab und nicht hinauf.«

Doch auch der stocknüchternste Wanderer wird bisweilen das Bedürfnis verspüren, seine erhobene anthropologische Stellung auf- und sich hinab auf alle viere zu begeben – weil die Kraft der Hinterbeine allein nicht mehr ausreicht oder weil technische Schwierigkeiten ihn dazu zwingen, die Hände zu Hilfe zu nehmen. »Ich empfand sogar ein Vergnügen dabei, das noch zunahm, als ich an einer Stelle zum Kletterer werden musste«, bekennt Peter Handke in *Die Wiederholung* (1986): »Da war ich nun auf allen vieren, Vater, (...) und spürte einen gemeinsamen Zug zwischen Fingerspitzen und Fußballen, wie bei den körperlichen Arbeiten, die du mir angeschafft hast, nie!«

Die wachsende Beliebtheit von Teleskopstöcken unter Wandernden, Wallfahrern und Walkern zeigt, wie wenig wir im Grunde unseren zwei Beinen und unserem Gleichgewichtssinn vertrauen. Und ist das Gelände nur steil genug, wird sogar der selbstbewussteste Wanderer in die Knie gehen. In Geröll, Eis und Fels werden wir alle wieder zu Vierfüßern.

Denken

 sprechen, handeln, fühlen, gehen, träumen, glauben, hoffen

In einem berühmten Sketch der britischen Komikergruppe Monty Python messen sich einige der größten Denker der Geschichte im sportlichen Wettkampf: Beim Fußballländerspiel der Philosophen trifft Deutschland auf Griechenland. Allerdings denken die Geistesriesen nach dem Anpfiff gar nicht daran, gegen den Ball zu treten – nein, sie wandern einzeln oder paarweise über den Platz und räsonieren darüber, wie das Spiel wohl zu gewinnen sei. Dass die Philosophen gehen (anstatt zu kicken), ist kein Zufall: Gehen und Denken gelten seit der Antike als eng miteinander verknüpft, ja das Gehen erscheint geradezu als Voraussetzung für geistige Fortbewegung.

Aristoteles etwa (der bei Monty Python den Part des Libero übernimmt) errichtete seine philosophische Schule in einem Wandelgang, einem sogenannten *perípatos*, weshalb man seine Schüler als Peripatetiker und seine Methode als peripatetisches Philosophieren bezeichnet: umherwanderndes Denken. Ob Aristoteles wirklich stets im Gehen lehrte, ist umstritten; vielleicht hat er mit seinen Schülern auch gelegentlich in der Wandelhalle Platz genommen. Der geistesabwesend einherschreitende Philosoph, der allenfalls stehen bleibt, um erleuchtet »Heureka!« zu rufen, ist aus unserem Bild-Kanon jedenfalls nicht mehr wegzudenken.

Vor allem seit der Renaissance wurde diese Vorstellung immer wieder beschworen: »Meine Gedanken schlafen ein, wenn ich sitze«, notierte der humanistische Philosoph Michel de

Montaigne Ende des 16. Jahrhunderts, »mein Geist rührt sich nicht, wenn meine Beine ihn nicht bewegen.« Friedrich Nietzsche (der beim Fußballspiel der Philosophen glücklos im Angriff spielt) notierte in der *Götzen-Dämmerung* (1889): »Das Sitzfleisch ist gerade die Sünde wider den heiligen Geist. Nur die *ergangenen* Gedanken haben Werth.« Und der österreichische Autor Thomas Bernhard schreibt in *Gehen* (1971): »Wenn wir gehen (…), kommt mit der Körperbewegung die Geistesbewegung. (…) Wir gehen mit unseren Beinen, sagen wir, und denken mit unserem Kopf. Wir könnten aber auch sagen, wir gehen mit unserem Kopf.«

Die Einsicht, dass körperliche und geistige Bewegung gern Hand in Hand gehen, schlägt sich auch in der Idiomatik nieder: Man verfolgt, wie man sagt, einen *Gedankengang*. Man kann dabei *auf dem Holzweg sein*, gedanklich *abschweifen*, sich in eine Idee *verrennen* oder *in einer Sackgasse befinden*. Und wenn man trotz intensivsten Nachdenkens nicht *vorankommt*, dann gerät man ins *Grübeln:* ein Wort, das etymologisch mit dem Verb *graben* verwandt ist und einen Menschen beschreibt, der gedanklich *auf der Stelle tritt* und dabei mit seinen Füßen eine Grube scharrt. Wenn man sich darin befindet, dann *geht gar nichts mehr*.

Tatsächlich sind Gehen und Denken entwicklungsgeschichtlich eng miteinander verknüpft. Evolutionsbiologisch betrachtet, entstanden komplexere neuronale Netzwerke erst in jenem Moment, als die ersten Lebewesen begannen, ihren angestammten Ort zu verlassen: Ein Pilz benötigt kein Gehirn, und auch eine Koralle kommt gut ohne aus. »Gehirne entstehen gleichzeitig mit der Fähigkeit der räumlichen Bewegung«, so der Neurowissenschaftler Gerd Kempermann: »Nervensysteme (…) kommen in der Evolution auf, um

Bewegung zu ermöglichen.« Ähnliches gilt für die Ontogenese, die individuelle menschliche Entwicklung: Wenn das Kleinkind die ersten tastenden Schritte wagt, lallt es meist auch die ersten Worte. Und je größer sein Bewegungsradius wird, desto höher werden die Anforderungen an seine kognitiven Fähigkeiten. Wer gehen will, muss denken lernen.

Allerdings begünstigt Wandern weniger ein logisches, *statisches* Nachdenken als vielmehr ein essayistisch-literarisches Umherschweifen. »Eine solche unstrukturierte (…) Form des Denkens wird meist mit dem Gehen assoziiert«, schreibt die amerikanische Theoretikerin Rebecca Solnit in *Wanderlust* (2000), »und es legt nahe, dass Gehen keine analytische, sondern eher eine improvisatorische Tätigkeit ist.« Tomas Espedal wiederum beschreibt das Wander-Denken als eine Art Gewahr-Werden: eine flächige *mindfulness*, die nicht durch zielgerichtete Gedankengänge gekennzeichnet ist, sondern durch eine erhöhte Sensibilität für alle Sinneseinwirkungen auf einmal. »Wir denken weniger, wenn wir weit gehen, wir gleiten in den Rhythmus des Denkens, und die Gedanken enden, werden zu einer konzentrierten Aufmerksamkeit, die darauf gerichtet ist, was wir sehen und hören, was wir riechen.«

Weniger denken; gar nichts denken: Dies ist der Fluchtpunkt langer Wanderungen, der Gegenpol zum peripatetischen Philosophieren des Aristoteles und all jener, die gehend/denkend auf seinen Pfaden wandelten. Die geistige Leere kann dabei erfüllend erfahren werden, als Gefühl der All-Einheit mit der → Natur – oder aber als frustrierendes Gefühl der Einsamkeit, als Symptom der körperlich-geistigen Ausgelaugtheit. »Es ist so eine große Erschöpfung in mir«, notierte der Filmemacher und Autor Werner Herzog in seinem Wandertagebuch *Vom Gehen im Eis* (1978): »Keine Gedanken mehr.«

Allerdings kann, wenn man nur lange genug gedankenlos umhergeirrt ist, die rettende Idee doch noch kommen. Beim Fußballspiel der Philosophen hat Archimedes nach 89 Minuten endlich eine Erleuchtung: Er tritt gegen den immer noch am Anspielpunkt liegenden Ball, überwindet mit einem Doppelpass das deutsche Mittelfeld, schlägt kurz vor dem deutschen Strafraum eine Flanke auf Sokrates, und der verwandelt in letzter Sekunde durch Kopfball. Das Gehen mag dem Geist auf die Sprünge helfen – aber um ein Tor zu erzielen, muss man manchmal auch rennen.

Einsamkeit

 Mensch, Wald, Natur, Landschaft, Nacht, Stille, Melancholie, Verzweiflung, Freiheit, Sehnsucht

Eine grundlegende Frage, die sich jedem Wandernden stellt: Soll ich allein gehen? Zu zweit? In einer Dreierseilschaft, wie es auf Gletschertouren aus Sicherheitsgründen angeraten ist? In einer Gruppe, wie die Pfadfinder und Wandervögel? Oder – wie im Fall des Protestmarschs, der erst in der Masse seine Macht entfaltet – gar mit einem ganzen Tross (→ Politik)? Für die meisten Theoretiker des Wanderns war der Fall klar. »Wer forschen und lernen will auf der Wanderschaft, der gehe *allein*«, dekretierte der Volkskundler Wilhelm Heinrich Riehl 1869: Zum einen komme nur der einsam Wandernde mit den Menschen am Wegesrand ins Gespräch, zum anderen komme er auch seinem eigenen Wesen nur auf diese Weise näher (→ Identität). Hinzu kämen praktische Erwägungen: Man müsse beim Wandern »nach Lust und Laune anhalten und weitergehen, diesen oder jenen Weg einschlagen können«, meinte der schottische Autor Robert Louis Stevenson im Essay *Walking Tours* (1876). Schließlich wolle man beim Gehen »weder einem preisgekrönten Wanderer hinterherhetzen noch sich von einem Mädchen ausbremsen lassen«. Nicht zuletzt können Gehgenossen, selbst wenn sie dieselbe Schrittgeschwindigkeit haben wie wir selbst, gehörig nerven – vor allem, wenn sie uns ungefragt Gesellschaft leisten und beim Wandern auch ihrem Mundwerk *freien Lauf lassen*. Diese Erfahrung musste Heinrich Heine machen, als er auf seiner *Harzreise* (1826) von einem selbstgerechten Bürger begleitet wurde, der ihm mit seinem ununterbrochenen Geschwafel den Weg Richtung Brocken verleidete: »Solange er neben mir ging, war gleichsam die ganze Natur entzaubert, sobald er aber fort war, fingen die Bäume wieder an zu sprechen, und die Sonnenstrahlen erklangen, und die Wiesenblümchen tanzten, und der blaue Himmel umarmte die grüne Erde.«

Gerade im Zeitalter der Romantik wurde die Einsamkeit – nicht zuletzt in Form der sprichwörtlich gewordenen *Waldeinsamkeit* – zur bevorzugten Daseinsform der Dichter und Wanderer. Einerseits eröffnete sie dem zivilisationsgeplagten frühmodernen Subjekt einen Rückzugsraum von den Zumutungen der städtischen Gesellschaft (→ Natur). »Waldeinsamkeit! / Du grünes Revier, / Wie liegt so weit / Die Welt von hier!«, schwärmte beispielsweise Joseph von Eichendorff. Andererseits ermöglichte das Alleinsein auch einen Zugang zu den Nachtseiten der Psyche: zu emotionalen Problemzonen wie Angst, Entfremdung, Todessehnsucht.

Die durch die Schubert'schen Vertonungen zu Weltruhm gelangten Gedichte von Wilhelm Müller widmen sich bevorzugt dieser düsteren Moll-Parallele zur beschwingt-optimistischen Waldeinsamkeit. »Wie eine trübe Wolke / Durch heitre Lüfte geht, / Wenn in der Tanne Wipfel / Ein mattes Lüftchen weht: / So zieh ich meine Straße / Dahin mit trägem Fuß, / Durch helles, frohes Leben, / Einsam und ohne Gruß«, heißt es in *Einsamkeit*. Als das Wetter noch stürmisch war, resümiert der Wanderer der *Winterreise* (1824), ging es ihm deutlich besser, weil er mit seinem Unglück wenigstens in Übereinstimmung mit den Elementen war. Ein klarer Fall von Narzissmus: Alles dreht sich um das Individuum und seine Emotionen; wenn der Wanderer traurig ist, soll der Himmel mit ihm weinen.

F. Hodler.

Mit solchem aus der Einsamkeit geborenen Realitätsverlust ist der Winterreisende – ironischerweise – nicht allein. »Das Problem der langen, einsamen Wanderungen«, so der Philosoph Frédéric Gros in *Unterwegs* (2008), »liegt im Übrigen darin, dass es nie weit zum Wahnsinn ist.« Die Geschichte ist reich an literarischen Fallstudien, die diesen Befund untermauern. Georg Büchners Lenz, der schon vor Beginn seiner Wanderung durchs Gebirg an Wahrnehmungsstörungen leidet, macht die Erfahrung, dass sein ohnehin prekärer Zustand sich mit zunehmender Einsamkeit noch verschlimmert: »Es wurde ihm entsetzlich einsam; er war allein, ganz allein. Er wollte mit sich sprechen, aber er konnte nicht, er wagte kaum zu atmen (…).« Auch den Erzähler von Peter Handkes Roman *Die Wiederholung* (1986) packt, kaum dass er in ein menschenleeres Tal in den Alpen abgestiegen ist, die Furcht – nicht vor einem Wetterumschwung, wilden Tieren oder einem Bergunfall, sondern vor jenem Begleiter, der bei jeder Wanderung mit dabei ist. »Ich (…) bekam es nun zu tun mit Bangigkeit, der Angst vor einem Monstrum – welches ich selber war. Verschwunden jeder Anhaltspunkt einer Welt: an ihrer Stelle die Fahlheit, durch welche, gehetzt vom jäh aufgeschossenen Bluthund im Innern, blindlings das Ungeheuer mit Namen ›Allein‹ irrte.«

Der Journalist Wolfgang Büscher schließlich, Autor des literarischen Wanderbuchs *Berlin-Moskau: Eine Reise zu Fuß* (2003), begegnet auf seinem Marsch Richtung Russland bereits wenige Kilometer östlich der deutschen Hauptstadt – auf einem Soldatenfriedhof bei den Seelower Höhen, wo eine der letzten Schlachten des Zweiten Weltkriegs ausgetragen wurde – einem Gespenst. Es handelt sich, wenn man so will, um einen Wiedergänger der Zeitgeschichte, den Geist eines gefallenen Soldaten, der ihn auf dem weiteren Verlauf seiner Reise begleiten wird. »Ich hatte das Gefühl, jemand setzte sich neben mich, ich sah nicht hin, ich wusste schon, wer. Wie schnell er mich eingeholt hatte, gleich am ersten Abend, und es würde jetzt immer so sein, sein Weg war meiner (…). Ich ging nach Moskau, und der Landser ging mit.« Dies ist eine Erfahrung, die vermutlich viele einsame Wanderer kennen: Wer länger allein unterwegs ist, dem leisten bald Gespenster, Doppelgänger, anthropomorphisierte Tiere oder imaginäre Freunde Gesellschaft. Eine Schattenseite der Einsamkeit – aber auch ein Trost, bedeutet es doch: Wer wandert, ist niemals wirklich allein. Im Zweifelsfall begleiten ihn die rastlosen Phantome seiner Fantasie.

Abb. S. 22–23: Ferdinand Hodler, *Thunersee von Leissingen aus* (1904); Bern, Kunstmuseum

Entschleunigung

 Mensch, Wald, Natur, Landschaft, Nacht, Stille, Melancholie, Verzweiflung, Freiheit, Sehnsucht

Wir leben in einem Zeitalter stetig zunehmender Geschwindigkeiten. Unsere Reisegeschwindigkeit hat sich in den vergangenen 200 Jahren um das Hundertfache erhöht, unser Kommunikationstempo ist im gleichen Zeitraum dank technischer Neuerungen wie Telefon, E-Mail oder SMS um das Zehnmillionenfache gestiegen. Damit einher geht eine allgemeine Beschleunigung des Lebenstempos, die sich darin äußert, dass wir versuchen, immer mehr Dinge in weniger Zeit zu tun – nur um festzustellen, dass die Zeit paradoxerweise trotzdem immer knapper wird: »Ganz egal, wie schnell wir werden«, schreibt der Soziologe Hartmut Rosa in *Beschleunigung und Entfremdung* (2013), »das Verhältnis der (…) gemachten Erfahrungen zu denjenigen, die wir verpasst haben, wird (…) konstant kleiner.«

Kein Wunder, dass die Entstehung des modernen Wanderns – als zweckfreie, gemächliche Freizeittätigkeit – mit der industriellen Revolution zusammenfiel: Es lässt sich als Gegenbewegung zu den technischen Möglichkeiten verstehen, die sich um 1800 eröffneten. »Wer geht, sieht im Durchschnitt anthropologisch und kosmisch mehr, als wer fährt«, notierte der Schriftsteller Johann Gottfried Seume 1806, nachdem er seinen berühmten *Spaziergang nach Syrakus* sowie eine ausgedehnte Reise durch Ost- und Nordeuropa unternommen hatte. »Wo alles zu viel fährt, geht alles sehr schlecht (…). Sowie man im Wagen sitzt, hat man sich sogleich einige Grade von der ursprünglichen Humanität entfernt.« Wohlgemerkt:

Diese Worte stammen aus dem Kutschenzeitalter – von den übermotorisierten Geländelimousinen, die unsere heutigen Straßen und Innenstädte heimsuchen, konnte Seume noch nichts ahnen.

Auch der Flaneur des *Fin de Siècle* verachtete das Tempo der modernen Lebenswelt. Betont gemächlich schlenderte er durch die Straßen, schaute, schrieb, sinnierte oder blieb stehen, um eine Schaufensterauslage zu studieren; Walter Benjamin zufolge gehörte es im Paris des 19. Jahrhunderts zeitweise sogar »zum guten Ton, Schildkröten (…) spazieren zu führen« und sich von ihnen seine Schrittgeschwindigkeit vorgeben zu lassen (→ Flanieren). »Langsam durch belebte Straßen zu gehen ist ein besonderes Vergnügen«, schreibt Franz Hessel in *Spazieren in Berlin* (1929). »Man wird umspült von der Eile der andern.« Paradoxerweise ist der Flaneur also auf die Hektik der modernen Großstadt angewiesen. Erst in der Gegenüberstellung mit der als geschäftig empfundenen Umwelt wird die eigene Langsamkeit sicht- und genießbar; erst durch die Kennzeichnung dieser Geschäftigkeit als »Eile« wird die eigene müßiggängerische Position aufgewertet. Entschleunigung ist immer relativ.

Fest steht, dass das Gehen zu Fuß mit dem Aufkommen der Eisenbahn, des Automobils sowie später des Flugzeugs einen Anachronismus darstellt – dass die offensichtlichen Nachteile des Wanderns gegenüber diesen Fortbewegungsmitteln aber stets als Stärke interpretiert worden sind: als Vorbedingung für intensivierte Denktätigkeit und Weltwahrnehmung. So mutmaßte der dänische Philosoph Søren Kierkegaard, der menschliche Geist funktioniere am besten im Schritttempo, bei einer Geschwindigkeit von vier bis fünf Stundenkilometern. Körper und Geist müssen sich dieser Argumentation zufolge im Gleichklang befinden: Wer fährt, an dem rauschen die Gedanken und Sinneseindrücke vorbei wie die schemenhaften Bilder vor dem Zugfenster (→ Denken).

Zudem ermöglicht das Gehen zu Fuß eine andere Wahrnehmung von Raum und Zeit – eine Wahrnehmung, die in der Vormoderne als normal gegolten hätte, in einer Epoche zunehmender Beschleunigung aber als wohltuende Besonderheit empfunden wird. Der Philosoph Otto Friedrich Bollnow definierte das Wandern in *Mensch und Raum* (1963) entsprechend als eine »gemächliche, nicht von Eile getriebene (…) Bewegung« und schrieb: »Vielleicht wäre es schon zu viel, zu sagen, dass die Zeit überhaupt aufgehört habe, aber sie hat ihren unruhigen, vorwärts ziehenden Charakter verloren.« Diese Entschleunigung wirkt sich nun auch auf das räumliche Empfinden aus: Die langsame Herangehensweise führt zu einer Intensivierung der Wahrnehmung. »Die Ausdehnung der Zeit vertieft den Raum«, so der Philosoph Frédéric Gros. »Das ist ein Geheimnis des Wanderns: Die langsame Annäherung an eine Landschaft macht sie uns schrittweise vertraut.«

Allerdings kann diese langsame Annäherung, wie wohl jeder Wandernde weiß, auch als frustrierend empfunden werden. Das Ziel, das zum Greifen nah scheint, will doch partout nicht näher kommen, der Raum scheint sich zu dehnen, und die verbleibende Zeit, um noch vor der Mittagshitze den Gipfel oder vor Sonnenuntergang die Schutzhütte zu erreichen, verrinnt wie Schmelzwasser unter einer Gletscherzunge. Eine Erfahrung, die der junge Georg Wilhelm Friedrich Hegel machen musste, als er 1796 durch das Berner Oberland wanderte. »Derjenige, der nicht gewohnt ist, die Höhe dieser Berge und die Entfernungen derselben zu schätzen, betrügt sich unaufhörlich«, notierte er in seinem Reisetagebuch, »und erst durch Erfahrung findet er, dass er zu Ersteigung einer Höhe, auf der er in einer Viertelstunde sein zu können glaubte, oft mehrere Stunden gebraucht.« Ähnlich empfindet Lenz in Georg Büchners gleichnamiger Erzählung (1835), als er zu dem Pfarrer Oberlin ins elsässischen Bergdorf Waldbach wandert. »Er begriff nicht, dass er so viel Zeit brauchte, um einen Abhang hinunter zu klimmen, einen fernen Punkt zu erreichen; er meinte, er müsse alles mit ein paar Schritten ausmessen können.« Allerdings litt der historische Jakob Michael Reinhold Lenz, dessen Wahrnehmungen Büchner hier literarisch nachzeichnet, mutmaßlich an paranoider Schizophrenie.

Die Hauptfigur von Benedict Wells' Erzählung *Die Wanderung* hingegen ist klinisch betrachtet »ganz normal« – hier ist es die Welt, die verrücktspielt. Der Geschäftsmann Henry macht sich eines Tages zu einer vermeintlich kurzen Bergtour in den Alpen auf, höchstens zwei oder drei Stunden will er seine Frau mit den beiden Kindern allein lassen, verspricht, abends zurück zu sein. Doch als er tief in der Nacht, nach einem Wettereinbruch und einem Sturz, bei dem er sich den Knöchel verstaucht, endlich nach Hause kommt, muss er feststellen, dass während seiner Wanderung Jahrzehnte verstrichen sind. Sein Sohn ist gestorben, die Tochter längst aus dem Haus, seine Frau eine Greisin. »War er in seinem kindlichen Glauben, die Zeit würde in schönen Momenten stehenbleiben, so lange weg gewesen?« Die Uhren gingen unvergleichlich schneller als Henrys subjektives Zeitempfinden. Seine Wanderung dauerte ein halbes → Leben.

Erhaben

 Landschaft, Natur, Ruhe, Schönheit, Anblick, Moment

Erhaben ist die alte Partizipialform des Verbs *erheben* und mithin eng mit dem Wort *erhoben* verwandt, das sich ab dem 17. Jahrhundert als Partizip durchzusetzen beginnt. Auch wenn die beiden Wörter seither getrennte semantische Wege beschritten haben, ist ihre gemeinsame Herkunft doch weiterhin erkennbar und sinnfällig: Nur weil der Mensch erhobenen Hauptes durch die Welt geht, kann er in die Ferne schauen und das Erhabene erfahren (→ Aufrecht).

Das Erhabene ist also auf die visuelle Wahrnehmung angewiesen – es kann keinen erhabenen Geschmack oder Geruch geben, nur einen erhabenen Anblick. Vorzugsweise einen weiträumigen: Das Erhabene, so Immanuel Kant, zeichnet sich dadurch aus, dass es »nicht allein groß, sondern schlechthin, absolut, in aller Absicht (über alle Vergleichung) groß« ist. Es überwältigt durch seine Unermesslichkeit unseren Sinnesapparat. Berühmte Darstellungen aus der Kunst sind der *Wanderer über dem Nebelmeer* von Caspar David Friedrich sowie das *Felsentor* von Karl Friedrich Schinkel, beide entstanden im Jahr 1818. Klassische Beispiele aus der Literatur- und Philosophiegeschichte lauten: »eine weitausgebreitete Wüste« oder »ein einsamer, viele Meilen langer Wald« (Friedrich Schiller), »sehr hohe Berge« (Arthur Schopenhauer) sowie, ganz konkret, der Gipfel des Chimborazo, den Alexander von Humboldt im Jahre 1802 bestieg.

Es handelt sich hier erkennbar um Motive, die sich vorzugsweise Menschen erschließen, die zu Fuß unterwegs sind.

Nicht von ungefähr beginnt die Karriere des Erhabenheits-begriffs zur selben Zeit wie das moderne Wandern, das maß-geblich von britischen Alpenreisenden betrieben wurde. Der erste Theoretiker des Erhabenen war denn auch ein Brite: »Die Leidenschaft, die von dem Großen und Erhabenen in der Natur verursacht wird«, schrieb Edmund Burke 1757 in den *Philosophischen Untersuchungen über den Ursprung un-serer Ideen vom Erhabenen und Schönen*, »heißt Erschauern. (…) Daher kommt die große Macht des Erhabenen: dass es nämlich, weit davon entfernt, von unserem Räsonnement hervorgerufen zu sein, diesem vielmehr zuvorkommt und uns mit unwiderstehlicher Kraft fortreißt.« Das Erhabene ist also nicht nur ein visueller Reiz, es handelt sich vielmehr um ein von dem erhabenen Anblick ausgelöstes akutes Ge-fühl, und zwar ein durch und durch ambivalentes. Einerseits erschauert der Wandernde angesichts der unfassbaren Weite – andererseits kann er den Blick nicht von ihr abwenden, fühlt sich in paradoxer Angst-Lust zu ihr hingezogen.

Warum aber sollten wir etwas betrachten, das in uns Gefühle des Schauers und der »Demütigung« (Kant) erweckt? War-um bleiben wir fasziniert vor einem Canyon, einem Alpen-panorama oder dem Ozean stehen und gehen nicht einfach weiter? Friedrich Schiller meinte, im Anschluss an Kant: Weil das Erhabene in uns zugleich ein Gefühl der → Freiheit weckt. Im selben Atemzug, in dem es uns die Grenzen un-serer Wahrnehmung vor Augen führt, macht das Erhabene uns nämlich bewusst, dass wir ebendiese Grenzen geistig überwinden können. »Wir erfahren also durch das Gefühl des Erhabenen, dass sich der Zustand unsers Geistes nicht notwendig nach dem Zustand des Sinnes richtet, dass die Gesetze der Natur nicht notwendig auch die unsrigen sind, und dass wir ein selbstständiges Principium in uns haben, welches von allen sinnlichen Rührungen unabhängig ist.« Dieses Prinzip ist die Fantasie. Sie erlaubt uns, Größeres zu denken, als wir wahrnehmen können. Dank ihrer können wir auf den Grund des Nebelmeers blicken oder uns das andere Ende der Alpen ausmalen, ohne jemals dort gewesen zu sein: Heute, im Zeitalter von Google Earth und schier unerschöpflicher Bilddatenbanken, ist dieses Unterfangen leichter geworden denn je: Wer wissen will, wie es auf dem Chimborazo aussieht, muss nur einmal die Finger über Tastatur oder Touchscreen wandern lassen. Dafür hat sich ein neues Gefühl der Ohnmacht etabliert, das der amerikanische Theoretiker Fredric Jameson als »postmodernes Erhabenes« bezeichnet. Dieses Gefühl der sinnlichen und intellektuellen Überwältigung resultiert aus der Einsicht, dass es unmöglich ist, die Totalität der zeitgenössischen Welt auch nur annähernd zu erfassen. Wie viel Zeit auch immer wir im Internet verbringen, die Masse an Bildern, Texten, Tönen, die jenseits unseres Wahrnehmungshorizonts liegt, wird stets überproportional größer sein als die Menge, die wir konsumieren können. Anders gesagt: An die Stelle des Friedrich'schen Nebelmeers ist ein Ozean aus Einsen und Nullen getreten. Und wie, wenn überhaupt, kann man diesem Gefühl des postmodernen Erhabenen entkommen? Nun: Vermutlich am besten, indem man die Wanderschuhe schnürt und sich ins Offene begibt. An einen Ort, wo es keine Computer, keinen Strom und keinen Mobilfunkempfang gibt – sondern nur den überwältigenden Ausblick auf Täler und Berge.

Caspar David Friedrich, *Der Wanderer über dem Nebelmeer* (um 1818);
Hamburg, Kunsthalle

Flanieren

 gemächlich, elegant, unbekümmert, ziellos, staunend, erwartungsfroh

Mit dem Wanderer teilt der Flaneur die unbedingte Leidenschaft für die Fortbewegung zu Fuß, doch ansonsten könnten die beiden Typen unterschiedlicher nicht sein. Der Wanderer sucht die Einsamkeit – der Flaneur die Menschenmenge. Den Ersten zieht es in die Natur – den Zweiten in die Kultur, ins Dickicht der Metropolen, vorzugsweise Paris, Berlin oder London. Bezeichnenderweise tritt der Flaneur in jenem historischen Moment auf den Plan, als die europäischen Städte groß genug werden, um sich in ihnen zu verlieren; als die Stadt, wie Frédéric Gros schreibt, »die Ausmaße einer ganzen Landschaft angenommen« hat.

Das Wort *flanieren* kommt vom französischen *flâner*, »bummeln, umherschlendern«, das seinerseits möglicherweise von dem lateinischen Substantiv *follis*, »Blasebalg« abstammt: Im ursprünglichen Wortsinn ist der Flaneur also ein Windbeutel, ein Luftikus. Als solchen hat ihn der französische Künstler Paul Gavarni karikiert: Auf seiner Zeichnung *Le Flâneur* aus dem Jahr 1842 sehen wir einen Dandy in Gehrock und Zylinder, die Hände in den Hosentaschen, das Stöckchen unter den Arm geklemmt – einen Müßiggänger par excellence, der noch nicht einmal ordentlich flaniert, sondern nur dasteht und der Welt mit hochgezogenen Augenbrauen seine Missbilligung kundtut.

Dennoch braucht der Flaneur die ihn umgebenden Menschenmassen – vor allem, um in ihnen zu verschwinden. »Die Menge ist sein Bereich, wie die Luft die des Vogels, das Wasser der des Fisches ist«, schreibt Charles Baudelaire in *Der Maler des modernen Lebens* (1863): »Seine Leidenschaft und sein Beruf ist es, *sich mit der Menge zu vermählen.*« Diese *ménage à plusieurs* erlaubt es dem Flanierenden, aus der sicheren Warte der Anonymität heraus seine Mitmenschen zu beobachten. Darüber hinaus ermöglicht sie es ihm, die vertraute Umgebung mit neuen Augen wahrzunehmen. »Die Menge ist der Schleier«, so Walter Benjamin, »durch den hindurch dem Flaneur die gewohnte Stadt als Phantasmagorie winkt.« Er betrachtet sie verzückt, verseltsamt, wie ein Wanderer eine dunstverhangene Bergkulisse.

Ein weiterer Widerspruch: Der Flaneur ist zwar ein Produkt des Kapitalismus, ist aber selbst kein aktiver Marktteilnehmer. In provozierender Ruhe studiert er die Auslagen der Geschäfte – und geht dann mit leeren Händen weiter. Die Warenwelt der Passagen, die Hast der Arbeiter und Händler: All das benötigt er bloß als Hintergrundfolie für sein eigenes, ästhetisiertes Nichtstun (→ Entschleunigung). »Auf diesen paar hundert Metern wahre Stadt von der Spree in Richtung Süden findet man die besondere Ruhe, die entsteht, wenn man seine Langsamkeit gegen die Hast der anderen behauptet«, schreibt Leander Steinkopf, ein später Wiedergänger Franz Hessels, in *Stadt der Feen und Wünsche* (2018): »Nur hier, und nicht sehr lange, denn bald kommen die Shopper, und deren Schlendern macht die Langsamkeit vulgär.« Gemächliches Gehen will gelernt sein, es darf keinesfalls durch so profane Tätigkeiten wie Konsumtion oder gar Produktion unterbrochen werden.

Das Nichtstun kann dabei Walter Benjamin zufolge als Geste des passiven Widerstands verstanden werden: »Der Müßiggang des Flaneurs ist eine Demonstration gegen die Arbeitsteilung.« Man könnte sie aber auch als Ausdruck enormer Privilegien interpretieren: Schließlich ist der Flaneur nicht nur eine Figur der Passivität und des Mangels, sondern zuvorderst ein Mann des *surplus*, der über hinreichende Mengen an Zeit, Muße, Geld, Geschmack, Bildung und kulturellem Kapital verfügt. Er kann ja nur deshalb tage- und nächtelang durch die Städte flanieren, weil er selbst keiner geregelten Erwerbstätigkeit nachgeht. Er kann nur deshalb den Blick träumerisch über die Auslagen schweifen lassen, weil offenbar jemand anderes für ihn die Einkäufe erledigt. Und er kann nur deswegen in der städtischen Menge nach Unsichtbarkeit streben, weil er ein Mann ist.

Natürlich gab es auch um 1900 bereits vereinzelt flanierende Damen; man denke an Virginia Woolf, die auf der Suche nach Inspiration regelmäßig durch den Londoner Bezirk Bloomsbury spazierte. Aber für die Mehrheit der Frauen war das ziellose, einsame Herumstreifen, zumal abends oder bei Nacht, mit schier unüberwindlichen sozialen Tabus und Stigmata behaftet: »Als wäre ein Penis eine Art Wanderstab, ein notwendiges Anhängsel, das man zum Gehen braucht«, wie die amerikanische Autorin Laura Elkin in ihrem Buch *Flâneuse: Frauen erobern die Stadt* (2017) süffisant anmerkt. Ein Mann, der allein unterwegs war, mochte als Flaneur durchgehen – eine Frau, die dies wagte, galt schnell als Prostituierte.

Auf einer Kreideskizze namens *Le flâneur parisien* (1893) von Théophile-Alexandre Steinlen sehen wir denn nicht nur den titelgebenden Spaziergänger, sondern – unmittelbar neben ihm, aber ihm offenbar weder verbunden noch zugetan – eine Frau. Sie eilt vorüber, einen schwarzen Schal um die Schultern geschlungen, und wird dabei von dem Mann, der

Paul Gavarni, *Der Spaziergänger* (*Le flâneur*, Illustration aus *Les Français peints par eux-mêmes. Encyclopédie morale du dix-neuvième siècle*, Band 3, Paris 1841)

sich in eine Hausecke drückt, unverhohlen ausgecheckt. Dies ist keine charmante Flânerie, wie der Titel suggerieren möchte – dies ist ein Akt des Stalking, und die Verteilung der blickökonomischen Rollen mehr als typisch. Der Mann penetriert die Frau mit den Augen; diese ist reduziert auf ihren Status als Objekt der männlichen Schaulust. Eine Szene, die unter umgekehrten Geschlechtervorzeichen nur schwer vorstellbar wäre, zumal im ausgehenden 19. Jahrhundert.

Dass der Part der Allein-durch-die-Stadt-Spazierenden und Schauenden für Frauen traditionell nicht vorgesehen ist, erkennt man schon daran, dass für diese Rolle lange Zeit kein eigenes Wort existierte: In den meisten französischen Wörterbüchern taucht *flâneuse* nicht auf – und wenn doch, dann oft in der Bedeutung von »Liegestuhl«. Als feminines Pendant zum *flâneur* wurde der Begriff erst durch das erwähnte Buch von Laura Elkin geprägt. Die Autorin beschreibt darin ihr eigenes Erweckungserlebnis als Flâneuse, begibt sich auf die Suche nach historischen Schwestern im Geiste – und plädiert für ein neues, weibliches Verständnis von »Flâneus-erie«, das sich vorrangig durch Neugier auszeichnet sowie durch den unbedingten Willen, die Grenzen von Stadtteilen, Lebensbereichen und Rollenzuschreibungen, von Konventionen und Traditionen zu überschreiten. »Die Flâneuse existiert, und zwar überall dort, wo wir vorgeschriebene Wege verlassen und uns neue Gebiete erschließen.« Eine von zahlreichen Eigenschaften, die sie mit der → Wanderin gemein hat.

Flucht

 Wald, Exil, Ausland, Traumwelt, Heimat, Familie, Richtung

Eine Wanderung hat in der Regel ein Ziel: einen Gipfel, ein Gasthaus, einen Aussichtspunkt. Sie kann aber auch von ihrem Aufbruchsort bestimmt sein: Der Wandernde weiß dann beim Losgehen noch nicht, wohin er will, sondern nur, dass er nicht bleiben möchte, wo er sich befindet. »›Weg-von-hier‹ – das ist mein Ziel«, wie es in der Prosaminiatur *Der Aufbruch* von Franz Kafka (1922) heißt. Die Zentrifugalkräfte des Ausgangspunkts wirken stärker als die Zentripetalkräfte des Endes, der Gehende wird abgestoßen statt angezogen. Etwas weniger umständlich könnte man sagen: Er befindet sich auf der Flucht.

Dies gilt im weiteren Sinn für alle Wanderungen: Sie stellen stets eine Auszeit vom Trott des Alltags dar, einen Ausbruch aus dem Kreislauf der Routine. Im engeren Sinne sind aber nur wenige Wandernde wirklich flüchtig. »Wir muten uns doch höchstens kleine Ausflüge zu, die am Abend dort enden, wo wir losgegangen sind: am häuslichen Herd«, lamentierte der amerikanische Schriftsteller und Philosoph Henry David Thoreau im Essay *Walking* (1862) über den allgemeinen Mangel an Fliehkräften. »Stattdessen sollten wir immer weiter gehen, (…) mit der Einstellung, vielleicht niemals zurückzukehren. Wenn du bereit bist, Vater und Mutter zu verlassen, Bruder und Schwester, Frau und Kind (…) – dann bist du bereit zu *wandern*.« Frau und Kind; der mitgedachte Empfänger dieser Suada ist erkennbar gegendert: Es handelt sich um einen Mann, genauer gesagt um einen stereotyp patriarchalischen Mann, der um eines guten Fußmarschs willen bereit ist, die Verantwortung für seine Familie an der Hüttengarderobe abzugeben. Das Wandern erscheint hier zugleich als heroisch-viriler und zutiefst egoistischer Akt.

Die meisten Wandernden, die sich dergestalt auf die Flucht begeben, sind denn auch Männer. In der Prosameditation *Gehen* von Tomas Espedal (2007) verlässt der Ich-Erzähler Frau und Kind und begibt sich auf eine ausschweifende Wander-, Trink- und Denktour durch Europa, wobei er neben Rousseau, Rimbaud und anderen Wanderheiligen auch den alten Thoreau im Rucksack hat: »Der Traum vom Verschwinden. Vom Fortsein. Eines Tages zur Tür hinausgehen und nicht wiederkehren. Der Traum, ein anderer zu werden. Freunde und Familie zu verlassen (…), um ein Fremder zu werden.« Die Passage wirkt wie eine Replik auf den amerikanischen Philosophen: Was dieser ein Jahrhundert zuvor theoretisch einforderte, verwirklicht Espedal unter Einsatz seiner Gesundheit, Heimat, sozialen Bindungen.

Ähnlich der Protagonist des Romans *Weit über das Land* des Schweizer Autors Peter Stamm (2016). Eines lauen Sommerabends, seine Frau ist gerade ins Haus gegangen, um nach den Kindern zu sehen, steht er kurzentschlossen von der Gartenbank auf und begibt sich auf eine Wanderung ohne Wiederkehr. »An der Ecke angelangt, zögerte er einen Augenblick, dann bog er mit einem erstaunten Lächeln, das er mehr wahrnahm als empfand, zum Gartentor ab. (…) Vor ihm wuchs der Schatten, den die letzte Straßenlaterne ihm nachwarf, verging im Licht der nächsten, die hinter ihm einen neuen Schatten warf, (…) eine gespenstische Stafette körperloser Wesen, die ihn begleitete, hinaus aus dem Quartier, über die Umgehungsstraße und in die Gewerbezone, die sich weit in der Ebene vor dem Dorf erstreckte.« Weshalb sich der Protagonist für diesen drastischen Schritt entscheidet, bleibt ungeklärt; allenfalls lassen Metaphern des Eingeschlossenseins – die Gartenhecke erscheint dem Erzähler wie eine »Mauer«, der davon eingefasste Rasen als »Verlies« – erahnen, dass er sich in seinem bürgerlichen Leben gefangen fühlt.

Die weibliche Hauptfigur von Michael Kumpfmüllers Roman *Durst* (2003) hingegen ist nicht von vagem existenzialistischem Ennui getrieben, sondern leidet unter schweren psychischen Problemen, die sie dazu bringen, aus ihrem sozialverwahrlosten Dasein zu fliehen und ihre Kinder zu verlassen: »Sie stürzte aus der Wohnung, an einem Donnerstag im Juni, nachmittags um halb vier, warf den Brief an die Mutter ein, dann rannte sie (…), als liefe sie einfach aus ihrem Leben.« Eine ziellose Flucht beginnt, eine trostlose Odyssee durch die Stadt – an deren Ende die Kinder tot sind, verdurstet. Vergleicht man den Plot mit jenem von Espedal oder Stamm, ergibt sich eine klare genderspezifische Unterscheidung: Wanderer *müssen* geradezu ihre Familie verlassen – Wanderinnen dürfen das auf keinen Fall tun. Ein Vater, der seine Familie verlässt, ist ein Steppenwolf. Eine Frau, die dasselbe tut, eine Rabenmutter.

Es sei denn, sie wäre im ursprünglichen Wortsinn eine Wandernde: eine *Migrantin* (das Wort kommt vom lateinischen *migrare*, »wandern«). Liest man die Berichte nach Deutschland geflüchteter Autorinnen, wie sie in dem 2018 erschienenen Band *Ankunft* versammelt sind, fällt auf, mit welcher Kompromisslosigkeit und Gefasstheit die Frauen und Mütter darin Dilemmata beschreiben, für die das Wort tragisch nicht zu hoch gegriffen erscheint. Die syrische Lyrikerin Noor Kanj etwa erfährt im libanesischen Exil, dass sie schwanger mit Zwillingen ist – von einem Mann, der aus dem Jemen stammt, der zudem eine andere Religionszugehörigkeit hat und mit dem sie nicht verheiratet ist – und entscheidet sich angesichts ihrer desolaten Situation für die Abtreibung: »Kann ich Kinder in dieses Leben, in dieses Land gebären? Meine Kinder würden keine Geburtsurkunde, keine offiziellen Papiere, bekommen.« Später, auf der Flucht nach Europa, ist sie um die schwierige Entscheidung dankbar: Schwanger hätte sie die Reise womöglich nicht antreten können.

Die Dichterin Rasha Habbal, ebenfalls aus Syrien, ist bereits Mutter zweier Kinder, als sie vor dem Bürgerkrieg nach Deutschland flieht. Doch da für die ganze Familie das Geld nicht reicht, lässt sie ihren jüngeren Sohn und ihren Mann zu Hause zurück. »Eine Gruppe würde das Risiko auf sich nehmen und fliehen. (…) Die andere Gruppe, mein Mann und unser zweiter Sohn, würde rasch hinter uns die Erinnerungen aufsammeln, sie in Koffer packen und uns anspornen, bis wir irgendwo angekommen wären, wo wir von vorn beginnen könnten, ohne uns jedes Mal, wenn wir das Haus verließen, voneinander zu verabschieden, als wäre es das letzte Mal.«

Momente der Loslösung und des Abschieds, die in anderen zeitgenössischen Texten meist nur eine untergeordnete Rolle einnehmen, stehen in solchen Reportagen erkennbar im Zentrum (→ Grüßen). Landschaftsbeschreibungen, Meditationen über das Gehen, seine leiblichen und lyrischen Aspekte sucht man hingegen vergebens. Wer tatsächlich auf der Flucht ist, den beschäftigt vermutlich weniger die Wanderung als solche. Sondern vor allem, wovor er flieht und was er zurücklässt.

Freiheit

 nehmen, brauchen, kämpfen, verteidigen, genießen, sehnen, schützen, wagen

Aufbruch, Morgengrauen. Der Tag liegt da wie ein unbeschriebenes Blatt, der Himmel ist klar, die Landschaft weit, voller Möglichkeiten. Während Autos und Fahrradfahrer auf befestigte Straßen und Wege angewiesen sind, kann der Wandernde sich wenden, wohin er will. Er kann querfeldein gehen; er kann bergauf steigen durch Geröll und Gestein, bergab in Täler und Schluchten, durch Bachläufe und Flüsse, zumindest wenn sie nicht zu tief sind. Das Einzige, was den Wandernden aufhalten kann, sind seine eigenen körperlichen Fähigkeiten, seine Kondition, eventuell noch die Wetterverhältnisse, die Dunkelheit, das andere Ende des Tages. Mit anderen Worten: nur wenig. »Aufbrechen ist fast immer auch ein Ausbrechen«, schreibt die Philosophin Ute Guzzoni in *Wohnen und Wandern* (1999). Wandern ist der Inbegriff der Freiheit.

Das gilt auch im politischen Sinn. Nicht von ungefähr fällt die Entstehung des Wanderns als bürgerliche Kulturtechnik mit der Epoche der Aufklärung zusammen, deren erste Zielsetzung bekanntlich die *liberté* war. Die Kutsche des Adels, spottete Jean-Jacques Rousseau, sei ein »Käfig« – das selbstbewusste republikanische Subjekt ging zu Fuß. In aufklärerischen Schriften wurden entsprechend Metaphern des Gehens verwendet, um die Situation der Bürger und ihrer Entwicklungsmöglichkeiten zu beschreiben. Der noch nicht mit Vernunft und Rechten begabte Mensch wurde demnach von fremden Kräften *geführt* oder gar *festgehalten*, bewegte

43

sich allenfalls *in Fußschellen* oder *am Gängelband* – er sollte aber endlich *gehen lernen*, und zwar allein. Das Ziel der Aufklärung, so die berühmte Definition von Immanuel Kant, sei »der *Ausgang* des Menschen aus seiner selbstverschuldeten Unmündigkeit«.

Das Wandern führt aber nicht nur im übertragenen Sinne aus Unmündigkeit und Gängelung – auch geografisch gesehen führt es ins Offene: in die, wie man sagt, *freie Natur*. Wer wandert, bewegt sich jenseits der kulturellen Konventionen, fernab von den Zentren politischer und geistlicher Macht. »Vom Eise befreit sind Strom und Bäche«, schwärmt Faust im ersten Teil von Goethes gleichnamigem Drama – um wenige Verse später festzustellen, dass auf die Befreiung der Gewässer ein metaphorisches Loseisen der Stadtbevölkerung folgt. »Aus dem hohlen, finstern Tor / Dringt ein buntes Gewimmel hervor. Jeder sonnt sich heute so gern. / Sie feiern die Auferstehung des Herrn; / Denn sie sind selber auferstanden: / Aus niedriger Häuser dumpfen Gemächern, / Aus Handwerks- und Gewerbesbanden, Aus dem Druck von Giebeln und Dächern, / Aus der Straßen quetschender Enge, / Aus der Kirchen ehrwürdiger Nacht / Sind sie alle ans Licht gebracht.« Der österliche Gang ins Grüne, den Faust hier in Knittelversen beschreibt, stellt mehr als nur ein Feiertagsvergnügen dar; er markiert eine (zumindest vorübergehende) Befreiung aus den Fesseln des Alltags.

Hinzu kommt, dass Wandern eine erhebliche Komplexitätsreduktion darstellt. Wer aufbricht, lässt nicht nur den Ballast seines Berufslebens zurück, sondern gezwungenermaßen auch einen Großteil seines Besitzes. Schließlich muss alles in einen → Rucksack mit sehr begrenztem Fassungsvermögen passen. Wandern zwingt zur Beschränkung aufs Wesentliche, was durchaus als Befreiung empfunden werden kann. »minimierung der ansprüche ist optimierung der freiheit«, wie der legendäre Designer und passionierte Wanderer Otl Aicher 1982 in der für ihn typischen Kleinschreibung formulierte: »reduktion ist gewinn.« Ein paradoxer Befund, dem mittlerweile aber Millionen von Leserinnen und Lesern zustimmen dürften: Selbstmanagement-Ratgeber wie die *Magic Cleaning*-Bücher der japanischen Autorin Marie Kondo sind Weltbestseller, Simplifizierung und Entrümpelung das Gebot der Stunde. Wer es nicht schafft, seinen Schrank aufzuräumen, kann immerhin das Überlebensnotwendige in den Tornister stopfen und seiner Wohnung entfliehen. Aber wohin? Eine Kehrseite der grenzenlosen Freiheit ist, dass sie stets das Risiko der Entscheidungsunfähigkeit in sich trägt: Wer überallhin gehen könnte, läuft Gefahr, einfach stehen zu bleiben – wie Buridans allegorischer Esel, der sich nicht zwischen zwei Heuhaufen entscheiden kann und daher in der exakten Mitte zwischen den beiden verhungert. Die meisten Wandernden erlegen sich daher mehr oder minder willkürliche Regeln auf, anhand derer sie ihre Route strukturieren. Sie peilen einen Berggipfel an, folgen einem Rundweg, legen eine bestimmte Anzahl von Kilometern, Stunden, Kalorien fest, die sie zurücklegen, verbringen, verbrauchen wollen. Natürlich mag das auch ästhetische, sportliche oder diätetische Gründe haben – es dient aber nicht zuletzt einer Beschränkung der Möglichkeiten.

Die vermutlich rigorosesten Selbstrestriktionen dieser Art nehmen jene Wanderinnen und Wanderer vor, die das Gehen als → Kunst betreiben. Der Land-Art-Pionier Richard Long marschierte 1974 in der Prärie von Kanada exakt 100 Meilen schnurgeradeaus. Die britische Künstlern Elspeth Owen wanderte im Sommer 2005 drei Monate lang kreuz und quer durch England, wobei ihr die Strecke von wildfremden Menschen vorgegeben wurde: Owen überbrachte für sie persönliche Nachrichten an entfernt lebende Freunde und Verwandte. Die deutsche Künstlerin katrinem schließlich hat für Städte wie Belfast und Berlin »Pfade für aufmerksames Hören« entwickelt und in Partituren mit eigener Notenschrift niedergelegt. Die präzise festgelegten Pfade sollen Fußgänger für die Geräusche der Großstadt ebenso sensibilisieren wie für den Sound der eigenen Füße: Ein Schritt klingt vollkommen anders, je nachdem ob er auf Pflastersteinen, Asphalt oder einem sandigen Weg durch den Park erfolgt.

In ihrem strengen Formwillen erinnern diese Wanderperformances an jene willkürlichen Regeln, denen sich auch Dichter und Schreibende unterwerfen: Metrum, Silbenzahl, Reim und so weiter. Schließlich gibt es keinen zwingenden Grund, Verse mit vier Hebungen zu verfassen oder aufeinanderfolgende Zeilen mit einem ähnlich klingenden Wort zu beenden, außer dass sich die dabei entstandenen Texte passabel singen lassen – und dass diese Vorgaben einen Pfad durch den unendlichen Raum der Sprache weisen. Sie fungieren gewissermaßen als aus freien Stücken angelegtes Gängelband: Sie engen den Bereich des Möglichen ein und machen ihn dadurch erst begehbar.

Als moderne Menschen verfügen wir, zum Glück, über etliche Freiheiten. Eine der wichtigsten besteht darin, sich selbst gelegentlich zu beschränken. *thematisch*

geographisch
esthätisch technisch
kulturel sprachlisch
freiwillige Beschränkung als Struktur

Gesang

 kraftvoll, berührend, mitreißend, schief, frei, gemeinsam

Man kann auch im Stehen singen, und man kann wandern und dabei den Mund halten. Dennoch sind diese sehr unterschiedlichen – im einen Fall die unteren Extremitäten, im anderen den Oberkörper und Kopf beanspruchenden – Tätigkeiten symbiotisch miteinander verbunden. Von den Psalmen bis zu den Kunstliedern der Romantik, vom *Weingartner Reisesegen* (→ Grüßen) bis zum *Zupfgeigenhansl* der Wandervogel-Bewegung, vom traditionellen *Walkin' Blues* bis zu Popsongs wie *The Wanderer* von U2 und Johnny Cash: Das Gehen zu Fuß ist ein seit Jahrtausenden wiederkehrender Liedtopos. Und es ist nicht nur Thema, sondern auch Auslöser des Gesangs. Wie wenige andere körperliche Tätigkeiten scheint Wandern sowohl die Komposition als auch den Vortrag von Liedern zu begünstigen.

Die Gründe hierfür sind vielfältig. Zum einen handelt es sich – ganz profan – beim Singen und Stegreifdichten um probate Mittel, um von den Anstrengungen des Gehens abzulenken: »Es war ihnen nun leid geworden, den Berg zu besteigen, sie fühlten sich müde und matt«, heißt es in *Anton Reiser* von Karl Philipp Moritz (1785/90) über den Protagonisten und seine Wanderfreunde, »allein sie fingen unterwegs an, Reime zu extemporieren, womit sie sich die Einförmigkeit des Gehens einigermaßen erleichterten.« Die Verse vertreiben wenn nicht die Zeit, so doch immerhin die Langeweile.

Zum zweiten schaffen Lieder und Verse, gerade wenn sie in einer Gruppe vorgetragen werden, ein Kollektivgefühl und helfen, die Schritte zu koordinieren. Man denke an Marschlieder wie *Wildgänse rauschen durch die Nacht* von Walter Flex (1916) oder den Wandervers »Ein Hut, ein Stock, ein Regenschirm / Vorwärts, rückwärts, seitwärts, ran«, der vermutlich schon unzählige Ausflüge mit Kindern am Laufen gehalten (und dann verlässlich ins Stolpern gebracht) hat.

Eine dritte, vitale Funktion: Während des Gehens hinausgeschmetterte Lieder können wilde Tiere abschrecken – oder zumindest die Furcht vor ihnen vertreiben. Das sprichwörtliche *Pfeifen im Walde* setzt dem Chaos der Naturgeräusche eine harmonische Struktur entgegen, ohne diese wirklich zu bezähmen: »Wenn der Wanderer in der Dunkelheit singt«, so Sigmund Freud, »verleugnet er seine Ängstlichkeit, aber er sieht darum um nichts heller.« Die Ordnung, die durch das Singen entsteht, ist *vorübergehend* und symbolisch.

Nicht zuletzt macht Gesang das Gehen zu einer ganzheitlichen Tätigkeit: zu einer Bewegung, die Körper und Geist, Sehnen und Stimmbänder beansprucht und zu einer leiblich-seelischen Einheit zusammenfügt. Das verbindende Element dabei ist der Rhythmus. Da der Körper des Menschen bilateralsymmetrisch aufgebaut ist, also über je zwei Arme, Beine und Füße verfügt, entsteht, wenn man beim Wandern singt, fast automatisch ein geradzahliges Metrum: je nach Schrittgeschwindigkeit ein 2 / 2-, 4 / 4- oder 8 / 8-Takt. Wenn man die Melodie weglässt und metrisch gebunden dichtet, ergibt sich entsprechend ein binärer *Versfuß*, also ein Jambus oder Trochäus. Nicht von ungefähr liegen diese rhythmischen Schemata den meisten Wanderliedern und -gedichten zugrunde.

Natürlich gibt es Ausnahmen. Das *Wanderlied* von Justinus Kerner (1812) etwa ist erkennbar in einem dreihebigen

Metrum geschrieben, auf eine betonte Silbe folgen in der Regel zwei unbetonte: »Wohláuf! noch getrúnken / Den fúnkelnden Wéin! / Adé nun, ihr Líeben! / Geschíeden muß séyn. / Adé nun, ihr Bérge, / Du váterlich Háus! / Es tréibt in die Férne / Mich máchtig hináus.« Musikalisch gesehen handelt es sich um einen Dreivierteltakt, einen Walzer- oder Ländlerrhythmus – was, zusammen mit dem Inhalt, eine Erklärung für dieses ungeradzahlige Maß nahelegt: Das Lied ahmt nicht den Rhythmus des Wanderns nach, sondern den Takt des Abschiedstanzes am Abend vor der Reise.

Auch die Hymne *Wandrers Sturmlied* (1772) von Johann Wolfgang von Goethe ist nicht in einem Zweiertakt verfasst, sondern metrisch sogar völlig ungebunden: »Wen du nicht verlässest, Genius, / Nicht der Regen, nicht der Sturm / Haucht ihm Schauer übers Herz, / Wen du nicht verlässest, Genius, / Wird dem Regengewölk, / Wird dem Schloßensturm / Entgegensingen, / Wie die Lerche, / Du da droben.« Vermutlich verdankte sich Goethes Hinwendung zu freien Rhythmen in seiner Sturm-und-Drang-Zeit der Lektüre von Pindar und Klopstock. In *Dichtung und Wahrheit* machte der Dichter Jahrzehnte später aber eine Wandererfahrung im Taunus dafür verantwortlich: »Unterwegs sang ich mir seltsame Hymnen und Dithyramben, wovon noch eine, unter dem Titel Wanderers Sturmlied, übrig ist. Ich sang diesen Halbunsinn leidenschaftlich vor mich hin, da mich ein schreckliches Wetter unterwegs traf, dem ich entgegengehen musste.« Folgt man dieser Interpretation, ist die Form des Lieds eine Folge der Elemente: So ungebunden und schwankend, wie sich der Wanderer gegen den Sturm behauptete, sind auch die von ihm verfassten Verse. Wetter und Landschaft haben sich in die Zeilen eingeschrieben.

Die von Goethe geschilderte Erfahrung, dass Wandern zu gesungenem Unsinn führen kann, muss auch Hans Castorp in Thomas Manns *Der Zauberberg* (1924) machen. »Sein Bariton war spröde, aber heute fand er ihn schön, und das Singen begeisterte ihn mehr und mehr«, heißt es über den jungen Sanatoriumsbewohner, als er eines Morgens einen Ausflug ins Gebirge macht. »Wenn sein Gedächtnis ihn im Stiche ließ, so half er sich damit, dass er der Melodie irgendwelche sinnlose Silben und Worte unterlegte, die er nach Art der Kunstsänger formenden Mundes und mit prunkendem Gaumen-R in die Lüfte sandte, und ging schließlich dazu über, sowohl was den Text als auch was die Töne betraf, nur noch zu fantasieren (…).« Am Ende muss Castorp sich eingestehen, dass seine Atemluft für Wandern und Singen zugleich nicht ausreicht; seufzend lässt er sich unter einer Kiefer nieder. Mit zunehmender Anstrengung löst sich die sinnhafte Sprache in Bergluft auf. Was bleibt, sind Melodie und Rhythmus.

Man könnte Castorps irrlichterndes Rhapsodieren als Zeichen seiner Weltentrücktheit interpretieren – man kann es aber auch als stimmliche Rückkehr zur → Natur deuten, als Besinnung auf die stammesgeschichtlichen Wurzeln der Sprache. Schließlich liegt der Ursprung unserer Vokaläußerungen in genau solchen basalen Lauten: erschöpftes Seufzen. Erfreutes Juchzen. Wortlose Schreie des Begehrens, der Trauer, der Lust. Indem der Wandernde keucht, japst, jubiliert, tritt er ein in die Ahnenreihe seiner äffischen Vorfahren, überwindet die Schlucht zwischen Tier und Mensch. Vielleicht ist dies die Lehre all jener unterschiedlichen Formen des Wandergesangs: Entscheidend ist nicht, *was* – sondern *dass* man überhaupt singt.

Grüßen

 lächelnd, nickend, wortlos, winkend, flüchtig, überschwänglich, scheu

Beim Wandern den richtigen Gruß zu finden, ist die schwierigste Kulturtechnik überhaupt. Das beginnt schon beim Aufbruch: Früher war eine Wanderung ein gefahrvolles Unterfangen mit ungewissem Ende. Wer losging, tat daher gut daran, von Familie und Freunden gebührend Abschied zu nehmen. Eines der ältesten Zeugnisse der deutschen Sprache ist ein Segensspruch, der *Weingartner Reisesegen*: »Ic dir nach sihe, / Ic dir nach sendi / mit min funf fingirin / funui unde funfzic engili. / Got mit gisundi / heim dich gisendi!« Sinngemäß: »Ich schaue dir nach, ich schicke dir mit meinen fünf Fingern fünfundfünfzig Engel hinterher, möge Gott dich wieder gesund nach Hause bringen.«
Ein poetischer Abschiedsgruß mit herrlichen Alliterationen, gewiss – aber für die meisten Wanderer von heute vermutlich doch zu pathetisch, zumal das Reisen seit dem Mittelalter deutlich sicherer und die Kommunikation unterwegs unvergleichlich einfacher geworden ist. Für viele Abschiednehmende dürften rührselige Grußformeln daher nur noch ironisch gebrochen praktizierbar sein, wie es Willi Winkler in *Deutschland, eine Winterreise* (2014) vormacht: »Der gesetzlich vorgeschriebene Abschied von der Familie. Werde ich Frau und Kinder je wiedersehen? Werden sie mich noch wiedererkennen, wenn ich wiederkehre (…)?« Ja, er wird. Ja, sie werden. Schließlich begibt sich der Autor auf eine gerade mal einmonatige Reise und bleibt dabei stets innerhalb des deutschen Schnellstraßen- und Mobilfunknetzes.

Doch auch wenn man glücklich verabschiedet ist, wird das Grüßen kaum einfacher. Das erste Problem: Wann und wo fängt man unterwegs damit an? Auf keinen Fall, solange man sich noch innerhalb geschlossener Ortschaften, auf dem Wanderparkplatz oder am Bahnhof befindet, sondern frühestens, wenn man die freie Natur betreten hat. Doch selbst dann tut der Gehende gut daran, nicht zu früh mit dem Grüßen zu beginnen, will er nicht schon zu Beginn seiner Tour durch ständiges Sprechen aus der Puste kommen. Als Faustregel gilt: Die Grußfrequenz (wie auch die Gesprächsdauer) verhält sich umgekehrt proportional zur Wandererdichte. In entlegenen Regionen, wo man nur alle paar Tage auf andere Menschen trifft, wird man nicht einfach obligatorisch grüßen, sondern für einen Plausch über Wetter, Wegbedingungen, Topografie stehen bleiben. Auf vielbetretenen Pfaden hingegen empfiehlt es sich, die Atemluft für das Gehen aufzusparen.

Das zweite Problem: Wie genau soll man grüßen? In Zeiten zunehmender Mobilität ergibt sich häufig die Situation, dass Wandernde sich in Gegenden vorwagen, deren Dialekt ihnen kulturell und phonetisch grundlegend fremd ist. Der bayrische Tourist, der an der Elbe mit einem hanseatischen »Moin!« grüßt, wirkt ebenso peinlich um Überanpassung bemüht wie der Norddeutsche in den Alpen, der anderen Bergsteigern ein zünftiges »Griaß di!« entgegenschmettert. Wer hingegen in seiner heimatlichen Mundart verharrt, macht sich schnell der kulturellen Überheblichkeit verdächtig. Ein möglicher Ausweg besteht darin, vielsagend zu nicken, etwas Unverständliches in Buff oder Bart zu nuscheln – und dann zu hoffen, dass der Angesprochene jene Grußformel heraushört, die er gern hören möchte.

Gustave Courbet, *Bonjour, Monsieur Courbet* (1854);
Montpellier, Musée Fabre

Das größte Dilemma stellt sich dem Wandernden jedoch – um im Bereich der Alpen zu bleiben –, wenn man sein Ziel, also den Gipfel erreicht hat. Hier hat sich bis heute die Gruß-formel »Berg Heil!« erhalten, die 1881 von dem Bergsteiger August von Böhm in Anlehnung an den Turnergruß »Gut Heil!« geprägt wurde. Anfang des 20. Jahrhunderts setzte sie sich im Deutschen und Österreichischen Alpenverein durch; wenig später wurden jüdische Mitglieder aus den Sektionen des Vereins ausgeschlossen, und die parallele Formulierung »Sieg Heil!« avancierte zur gängigen Grußformel unter den Nationalsozialisten. Auch wenn der alpine Gipfelgruß also älter ist als der sogenannte deutsche Gruß, atmet er doch denselben zeitgeschichtlichen Geist und steht in bedenkli-cher syntaktischer Nähe zu ihm. Eine alternative Wendung hat sich bislang noch nicht durchgesetzt. Die zuständige Referatsleiterin beim Alpenverein erklärt, sie selbst werde sich »etwas anderes überlegen, vielleicht ganz persönlich und individuell, zugeschnitten auf die Freundinnen und Freunde«, mit denen sie unterwegs sei.

Was also tun, wenn das Grüßen so viele Stolpersteine be-reithält? Nun, vielleicht sollte man beim nächsten Aufbruch so verfahren wie der Sänger der Schubert'schen *Winterreise:* »Will dich im Traum nicht stören, / Wär schad um deine Ruh; / Sollst meinen Tritt nicht hören – / Sacht, sacht, die Türe zu!« Der Wanderer grüßt also gar nicht, sondern empfiehlt sich, wie man sagt, auf Französisch. Die Franzosen hingegen wür-den sagen, er geht auf Englisch: *filer à l'anglaise.* Man sieht: Grußlos gehen wollen alle – aber keiner will dazu stehen.

Identität

 suchen, verschleiern, enthüllen, überprüfen, leugnen, preis-
geben, wahren, wiederfinden

»Der Weg stellt jedem nur eine Frage: ›Wer bist du?‹« Die-
sen Satz stellt Hape Kerkeling seinem Bestseller über den
Jakobsweg *Ich bin dann mal weg* als Essenz seiner Wander-
erfahrungen voran – er könnte aber auch für etliche andere
Routen gelten. Das Wandern, so besagt eine weitverbreitete
Vorstellung, stellt den Königsweg zur Selbsterkenntnis dar.
Wer zu Fuß geht, kommt idealerweise nicht nur an einem
Zielort, sondern vor allem bei sich selber an. »Ich wollte nur
einen Spaziergang machen, entschied mich aber schließlich,
bis zum Sonnenuntergang draußen zu bleiben«, so der Na-
turphilosoph John Muir Ende des 19. Jahrhunderts. »Denn
ich stellte fest: Indem ich nach draußen ging, ging ich in
Wahrheit nach innen.«

In der Tat war schon der mutmaßlich älteste Weg zur Selbsterkenntnis mit einer stattlichen Bergtour verbunden. Die
Tempelanlage von Delphi – Heimat des gleichnamigen
Orakels und nach antiker Ansicht der Mittelpunkt der Welt –
liegt auf einer Höhe von etwa 700 Metern, am südwestlichen
Fuß des Parnass-Massivs. Die wandernden Sinnsucher, die
sich die fünfzehn Kilometer vom Golf von Korinth bis hier
hochgequält hatten, belehrte eine Aufschrift an der Vorhalle
des Apollo-Tempels: *Gnothi seauton.* »Erkenne dich selbst!«
Populär wurde die Vorstellung, dass Wandern nicht nur Ausblicke auf Schluchten und Täler, sondern vor allem in die
Tiefen des eigenen Ichs eröffnet, allerdings erst im Zeitalter
der Romantik. Entschlossenen Schrittes ließ der rousseauis-

tisch geprägte Wanderer die Stadt und ihre zivilisatorischen Schranken hinter sich und begab sich auf die Suche nach seinem »natürlichen«, unverfälschten Wesen. Fernab von den verderblichen Einflüssen der korrumpierten Gesellschaft meinte er, in ➤ Einsamkeit und Introspektion zu sich selbst zu gelangen. Man betrachte beispielhaft das Gemälde *Herr auf einem Hügel* von Georg Friedrich Kersting (um 1820): Der titelgebende Herr hätte zwar einen traumhaften Ausblick auf die Sächsische Schweiz – im Hintergrund ist der Lilienstein zu sehen –, aber der Wanderer hat keine Augen für Hügel und Sandsteinfelsen, sein Blick scheint nach innen gekehrt, nur auf das eigene Denken und Empfinden gerichtet.

Wie geläufig die Vorstellung ist, dass Wandern und Wesensart miteinander Hand in Hand gehen, zeigt sich auch in der Idiomatik. Der sprichwörtliche *Lebensweg* umfasst sämtliche Schritte, die wir getan haben: biografische Abzweigungen, die wir genommen, genauso wie existenzielle Sackgassen, in die wir uns manövriert haben, die Summe unseres Seins. Der *Wiedergänger* wandert diese persönliche Strecke auf unheimliche Weise nach, wenn wir uns zur letzten ➤ Rast gelegt haben. Und das bevorzugte Schreckgespenst der Romantik, der *Doppelgänger*, irritiert vor allem dadurch, dass er unsere Individualität infrage stellt: dass er, um im Bilde zu bleiben, *in unsere Fußstapfen tritt*, unsere irdische Wanderung nachäfft, und zwar in äußerlich gleicher Gestalt.

Identität entsteht durch Erinnerung; dadurch, dass man sich eine Szene aus der Vergangenheit ins Gedächtnis ruft und erkennt: Der Mensch in dieser Situation, das ist derselbe (lateinisch *idem*) wie ich. Insofern stellt Identität vor allem eine Kohärenzerfahrung dar: Sie lässt den eigenen Lebensweg als zusammenhängende und womöglich sogar zielorientierte

Strecke erscheinen. Folgerichtig stellen viele literarische Wanderungen eine bewusste Reise in die autobiografische Vergangenheit dar: Sie peilen wichtige Wegmarken aus dem Werdegang des Autors an.

Das vielleicht eindrücklichste Stationendrama dieser Art stammt aus der Feder des Hamburger Autors Michael Holzach: *Deutschland umsonst* heißt sein Selbsterfahrungsbericht, der im Westdeutschland der Achtzigerjahre zum Kultbuch avancierte. Im Frühjahr 1980 machte Holzach sich auf, um ein halbes Jahr ohne Geld durch Deutschland zu wandern, und klapperte dabei prägende Orte seiner Kindheit, Jugend und Studentenzeit ab: sein ehemaliges Internat in Holzminden; sein altes Studentenwohnheim in Bochum; das Haus seines verstorbenen Vaters in Bergisch-Gladbach. »Ich wollte einfach losgehen und die Orte ansteuern, die mit mir persönlich etwas zu tun haben. Wen interessieren schon Holzminden oder Heppenheim oder Bergisch-Gladbach, fragte ich mich, die interessieren vor allem mich selbst.« Fluchtpunkt seiner beschwerlichen Wanderung ist bezeichnenderweise das Bett seiner in München lebenden Mutter (zum Glück weilt sie, während der Sohn sich schlaflos in ihren Laken wälzt, gerade auf Sylt).

Ähnlich machte sich der englische Lyriker und Romancier Simon Armitage für sein Wanderbuch *Walking Home*, wie der Titel nahelegt, auf den Weg nach Hause. Im Sommer 2010 lief er die 256 Meilen des britischen Langstreckenwanderwegs *Pennine Way* von Kirk Yetholm an der schottischen Grenze nach Süden, nach Marsden in Yorkshire, wo er geboren wurde und aufgewachsen ist; seinen Unterhalt während der Reise finanzierte sich der *poet laureate* durch abendliche Lesungen in Pubs am Wegesrand. Womöglich liegt hierin die gleichermaßen unausgesprochene wie irrationale Verheißung des Gehens zu Fuß: dass die Vorwärtsbewegung im Raum zugleich eine Rückwärtsbewegung in der Zeit sein möge. Vielleicht, weil das Gehen als Fortbewegungsform so zeitlos, ja ur-menschlich ist, dass man als Wanderer die Illusion hegen kann, auch die angesteuerten Erinnerungsorte könnten sich nicht verändert haben.

Was in aller Regel ein frommer Wunsch bleibt. *Tempora mutantur, nos et mutamur in illis,* wie ein frühneuzeitliches Sprichwort besagt: Die Zeiten ändern sich, und wir uns mit ihnen. Bezeichnenderweise steckt diese nüchterne Einsicht bereits in der Etymologie des Wortes *wandern.* Geht man sprachgeschichtlich weit genug zurück, stellt man nämlich fest, dass Wandern keineswegs mit identitärer Beständigkeit zu tun hat, sondern im Gegenteil mit Veränderung: Der Begriff leitet sich vom althochdeutschen *wantôn* her, das einerseits *wandern* bedeuten konnte, andererseits aber auch *(sich) wandeln, wenden.* Für das 16. Jahrhundert ist entsprechend der Begriff der *Wanderbarlichkeit,* im Sinne von Veränderlichkeit, überliefert: »Alles ist der Wanderbarlichkeit unterworfen«, heißt es in der *Cosmographia* von Sebastian Münster. Will meinen: Nichts ist beständig; alles verwandelt sich.

Dies legt eine völlig andere identitätsphilosophische Interpretation des Gehens nahe. Wer sich zu Fuß auf den Weg macht, sei es nach Delphi oder Yorkshire, findet demzufolge nicht sein wahres Selbst – im Gegenteil: Der oder die Wandernde durchläuft ungezählte Metamorphosen, nimmt alle möglichen Gestalten an, wird zu einem wandelbaren Jedermann (oder einer Jederfrau), und das heißt: zu einem Niemand. »Wir sind nicht mehr ganz wir selbst«, schreibt

Virginia Woolf in ihrem Essay *Street Haunting. A London Adventure* (1927). »Wenn wir an einem schönen frühen Abend zwischen vier und sechs aus dem Haus treten, werfen wir das Ich ab, an dem uns unsere Freunde erkennen, und werden Teil jener großen (…) Armee anonymer Wanderer, deren Gesellschaft so angenehm ist nach der Einsamkeit des eigenen Zimmers.« Und das gilt nicht nur für die Flâneuse in der Großstadt, sondern auch und womöglich mehr noch für den Geher in der freien Natur: »Wer wandert, der wird selbst zur Landschaft, er wird Wolke oder Fluss«, so der Schriftsteller Hans Jürgen von der Wense in *Wanderjahre* (postum 2006). Vielleicht ist dies das wahre Ziel des Wanderns: Seine Identität abzustreifen wie ein durchgeschwitztes Funktionsunterhemd und sich ganz der Bewegung, der Umgebung, der Strecke hinzugeben. Sich aufzulösen, sein Selbst zu verlieren – um sich dann, am Ende des Wegs, wieder neu zu begegnen. Falls man sich zufällig trifft.

Karte

Route, Kompass, Atlas, Plan, Höhenprofil, Luftbild, Weg-
beschreibung

Die Geschichte der Kartografie ist eine der kleiner werden-
den Maßstäbe. Die erste erhaltene Weltkarte, die sogenannte
Babylonische Weltkarte aus dem 6. Jahrhundert v. Chr.,
hatte einen Durchmesser von etwa zehn Zentimetern und
nahm für sich in Anspruch, auf diesem Raum den gesamten
Kosmos darzustellen. Die Umgebungskarte von Nürnberg
des Augsburger Kartografen Georg Erlinger aus dem frühen
16. Jahrhundert, die als älteste bekannte Wanderkarte gilt,
hatte eine ähnliche Größe und umfasste einen Radius von 190
Kilometern; das entspricht einem Maßstab von 1:3.800.000.
Die topografisch-thematischen Karten, die seit den 1960er-
Jahren in Umlauf sind, haben in der Regel einen Maßstab von
1:50.000 oder 1:25.000. Und bewegt man sich mit einem modernen GPS-gestützten Digitalgerät durch die Landschaft,
kann man so lange in die Karte hineinzoomen, bis die Karte
quasi deckungsgleich mit dem eigenen Standpunkt ist.
Kartografie, so hat der englische Historiker Jerry Brotton in *A
History of the World in 12 Maps* (2012) gezeigt, ist traditionell
»egozentrisch«, das heißt, sie setzt die jeweils eigene Kultur,
den eigenen Standpunkt in die Mitte und gruppiert den Rest
der Welt drumherum. Das hat einerseits praktische Gründe:
Die babylonischen Herrscher wollten ihr Reich überblicken;
der fränkische Geselle auf der Walz wollte wissen, welche
Orte sich in fußläufiger Entfernung von seiner Heimatstadt
befinden; und der Smartphone-Benutzer möchte die nächste Einkehrmöglichkeit ergoogeln. Die egozentrische Pers-

pektive dient aber auch der Selbstversicherung: Sie setzt uns, so Brotton, »als Individuen in Beziehung zu einer Welt, die größer ist als wir und von der wir vermuten, dass ihr unsere Existenz herzlich egal ist«. Karten verleihen Herrschaftswissen, Überblick, Kontrolle; ihr Besitz war daher Königen, Priestern, Schamanen vorbehalten. Noch heute gibt bei Wanderungen erfahrungsgemäß derjenige, der die Karte bei sich trägt, den Ton an.

Das setzt allerdings voraus, dass man sie auch entziffern kann. Bezeichnenderweise spricht man davon, dass man eine Karte *liest* (wie umgekehrt der Begriff der Kartografie nahelegt, dass sie *geschrieben* wurde: Das altgriechische Wort *graphe* bedeutet »Schrift«). Das Studium einer Karte – die *Kartenlektüre* – ist also nicht zuletzt eine literarische Tätigkeit. Allerdings lässt sich eine Landkarte nicht als lineare Erzählung begreifen. Sie eröffnet stattdessen einen flächigen, mehrdimensionalen Assoziationsraum: eine Vielzahl möglicher Narrative, Richtungen, Wege, die sich beschreiten lassen und damit unterschiedliche Geschichten ergeben. »Ich habe gehört«, schreibt Hugo von Hofmannsthal in *Die Wege und die Begegnungen* (1907), »dass in den Gefangenenhäusern keines von den erlaubten Büchern so sehnlich verlangt wird als eine Landkarte. Seine Finger auf einer Landkarte wandern zu lassen, das ist der spannendste Abenteuerroman: Alle seine Abenteuer sind unbestimmt und alle Möglichkeiten sind offengelassen.«

Die Lektüre einer Karte verändert sich, abhängig davon, ob man sie während des Wanderns draußen im Gelände liest – oder ob man dies zu Hause, abends in der Hütte oder, um bei Hofmannsthals Beispiel zu bleiben, im Gefängnis tut. Im ersten Fall nimmt der Lesende eine *homodiegetische* Haltung ein, das heißt, er ist deckungsgleich mit der Figur, die er über die Karte wandern lässt; er betrachtet sich und seinen aktuellen Standpunkt gewissermaßen von oben. In den anderen Fällen nimmt er eine *heterodiegetische* Haltung ein, ist also nicht identisch mit der imaginären Figur auf dem Papier: Sein Finger (und seine Fantasie) wandert über die Karte, watet durch Flüsse, kraxelt in eisige Höhen – er selbst sitzt derweil ganz woanders, drinnen im Warmen. Vielleicht wird er die Gegenden, von denen er liest, niemals betreten. Vielleicht war er auch schon dort und hängt nun Erinnerungen an längst vergangene Wanderungen nach.

In *Umgebungen* (1970) lässt der Schriftsteller Jürgen Becker eine solche während der Kartenlektüre erinnerte Textlandschaft aufscheinen: »Die Kartenzeichen deuten auf Landschaft in Norddeutschland hin; Strandhafer wächst in Norddeutschland; wo Strandhafer verzeichnet ist, muss Strand sein; da ist der Strand. Man nimmt einen Strand wahr, einen Strand mit Kähnen, einen Strand mit Körben, einen leeren Strand, einen Strand voller Quallen, einen weißen, einen mit zerknackten Muscheln übersäten, einen steinigen (…).« Während sich der Erzähler in die Karte versenkt, werden die abstrakten Zeichen zu einer konkreten Landschaft, verwandeln sich in Pflanzen, Dinge, belebte und unbelebte Natur. Eine solche Vergegenständlichung muss bei jeder Leserin und jedem Leser notwendigerweise anders ausfallen – je nachdem, was sie oder er mit den Strichen, Schattierungen, Signaturen auf dem Papier verbindet. Die Karte verliert ihre praktische Funktion. Sie ist nur noch Assoziationsvorlage, literarischer Text.

Wenn aber eine Karte ein Text ist, dann müsste sich eine Geschichte auch kartografisch darstellen lassen. In der Tat

Karte des Heiligen Römischen Reichs deutscher Nation aus Georg Erlingers *Gelegenheit Teutscher Lannd unnd aller anstös Das man mit hilff eins Compas gewislich von einem ortt zu dem andern ziehen mag* (Bamberg 1524)

spielte Walter Benjamin bereits Anfang der 1930er-Jahre mit dem Gedanken, seine Erinnerungen, »den Raum des Lebens«, in einer gezeichneten Karte zu gliedern. »Ich habe mir ein Zeichensystem ausgedacht«, berichtet er in der *Berliner Chronik,* »und auf dem grauen Grund solcher Karten ginge es bunt zu, wenn die Wohnungen meiner Freunde und Freundinnen, (…) die Hotel- und die Hurenzimmer, die ich für eine Nacht kannte, die entscheidenden Tiergartenbänke, die Schulwege und die Gräber, (…) wenn all das dort deutlich unterscheidbar eingetragen würde.«

Dies wäre die konsequente Umkehrung der assoziativen Kartenlektüre, die wir wohl alle manchmal träumerisch vollziehen: Wo hier allgemeingültige Zeichen mit individuellen Erinnerungen angereichert werden, würden auf Benjamins Karte intimste Gedächtnisinhalte in ein allgemein lesbares Kartenwerk überführt. Die Frage ist nur: Wer, außer dem Verfasser, wollte eine solche autobiografische Karte lesen?

Kunst

 Werk, Gestaltung, Künstlichkeit, Wirklichkeit, Natur

Wandern ist keine Kunst, allenfalls Kraft- und Konditions-
sache. Dennoch stellt es einen der beliebtesten Topoi in den
Schönen Künsten dar, ein immer wieder besungenes, be-
schriebenes und bildnerisch gestaltetes Motiv.

Seiner Form nach ist Wandern analog zu Gattungen, die sich
wie das Gehen in der Zeit entfalten: Literatur und Musik. Die
Bildende Kunst tut sich mit Darstellungen des Wanderns
tendenziell schwerer, da sie keine zeitlichen Abfolgen zeigt,
sondern nur gefrorene Momente. Die zahlreichen Gemälde
der Romantik, die sich dem Thema widmen, sind in der Regel
eher statisch: Entweder handelt es sich – wie bei Caspar Wolfs
Der Lauteraargletscher (1776) – um Landschaftsdarstellun-
gen, in denen die winzigen, im Bildvordergrund rastenden
Wanderer als Vergleich für die Größe der Natur dienen. Oder,
zweitens, um Allegorien für den irdischen Lebensweg, der im
Angesicht des Meeres oder der Alpen vergleichsweise kurz
und endlich scheint (→ Leben). Oder schließlich, drittens,
um Porträts von wanderlustigen Wissenschaftlern, Literaten
und Malern: Friedrich Georg Weitsch malte 1806 den Ent-
deckungsreisenden Alexander von Humboldt, sitzend, beim
Botanisieren einer exotischen Pflanze. Carl Georg Christian
Schumacher porträtierte 1819 Heinrich Hoffmann von Fal-
lersleben, ebenfalls sitzend, aber immerhin abreisebereit mit
Wanderstab, Rucksack und Trinkflasche.

Wortwörtliche *Bewegung* kam in die Bildende Kunst erst in
der zweiten Hälfte des 20. Jahrhunderts – zum Beispiel mit

Caspar Wolf, *Der Lauteraargletscher mit Blick auf den Lauteraarsattel*
(1776); Aarau, Aargauer Kunsthaus

den modularen Plastiken des Bildhauers Carl Andre, die aus auf dem Boden liegenden Metallplatten zusammengesetzt sind. Sie dürfen begangen werden und animieren den Betrachtenden dazu, sich in Bewegung zu setzen: »Wenn ich an eine Skulptur denke, stelle ich mir eine Straße vor«, so der Künstler. »Eine Straße offenbart sich ja auch nicht an einem bestimmten Punkt (...). Es gibt keinen einzigen Ort, von dem aus man sie erfassen könnte – es sei denn, man bewegt sich (...) mit ihr.« Trotz ihres tonnenschweren Gewichts bekommen Andres Skulpturen so eine erstaunliche Leichtigkeit.

Etwa zur selben Zeit wurde das Wandern selbst zur Kunst erhoben, das Gehen zur ästhetischen Geste. Der britische Land-Art-Künstler Richard Long wanderte 1967 für sein Werk *A Line Made by Walking* so lange auf einer Wiese hin und her, bis seine Fußtritte als sichtbare Spur in die Landschaft eingeschrieben waren. Der amerikanische Konzeptkünstler Vito Acconci ging 1969 im Rahmen seiner Performance *Following Piece* wahllos fremden Fußgängern hinterher. Und Joseph Beuys marschierte bei seiner *Aktion im Moor* 1971 durch eine niederländische Marschlandschaft, bis er bis zur Hutkrempe im Wasser versank.

Die wohl radikalste Kunst-Wanderung führten Ende der 1980er-Jahre die Künstlerin Marina Abramović und ihr damaliger Partner Ulay durch. Drei Monate lang wanderten die beiden von den entgegensetzten Enden der Chinesischen Mauer aufeinander zu, jeweils ungefähr 2500 Kilometer. Als Höhepunkt der Performance wollten sie sich in der Mitte des Bauwerks treffen und heiraten. Doch als sie sich schließlich begegneten, hatten sie sich so voneinander entfremdet, dass sie sich bloß umarmten, verabschiedeten – und dann weitergingen. Jeder seines Weges.

Leben

 erfüllt, bewegt, glücklich, selbstbestimmt, kostbar, bunt, turbulent

Im engeren Sinn bezeichnet der Ausdruck *Wanderleben* ein unstetes Dasein, das durch häufige Wohnortwechsel gekennzeichnet ist und keine längerfristige Zugehörigkeit zu einer sozialen Gruppe, keine kontinuierlichen Beschäftigungsverhältnisse zulässt. Im übertragenen Sinn aber ist jedes Leben ein Wanderleben: Seit der Antike wurde unser irdisches Dasein immer wieder als Reise verstanden und der Pfad durch dieses Jammertal als Gleichnis für den Lebensweg. Nicht von ungefähr sind die lateinischen Wörter *via* und *vita* nur einen Buchstaben voneinander entfernt.

Auch in die deutsche Sprache hat diese metaphorische Verknüpfung vielfachen Eingang gefunden. Hat man eine schwierige biografische Entscheidung vor sich, so steht man am sprichwörtlichen *Scheideweg*. Ergreift man den gleichen Beruf wie Vater, Mutter oder großer Bruder, so tritt man in deren *Fußstapfen*. Soll man seinen beruflichen *Werdegang* zusammenfassen, schreibt man einen *Lebenslauf*. Und am Ende der *via vitae* steht erfahrungsgemäß der *exitus*, der Ausgang aus diesem Dasein; auf ihn folgt eine letzte Reise, von der man nicht viel weiß, außer dass es sich um eine Einbahnstraße handelt: »Einen Weiser seh ich stehen / Unverrückt vor meinem Blick; / Eine Straße muss ich gehen, / Die noch keiner ging zurück«, heißt es in Wilhelm Müllers *Winterreise* (1823).

Immerhin geht der Reisende mit dieser Einsicht nicht allein. »was ist der mensch?«, fragte schon ein Gedicht aus dem

14. Jahrhundert und gab sich selber zur Antwort: »ein wenderer ane rast, / aller stete ein gast.« Der Schweizer Epigrammatiker Johann Grob reimte im 17. Jahrhundert: »Unsers Lebens Wanderschaft / ist mit toller Müh behaft.« Und sein Landsmann Ferdinand Hodler malte zweihundert Jahre später unter dem Titel *Der Lebensweg* einen erschöpften Alten am Ende seiner diesseitigen Wanderschaft, das Kinn auf die Brust gesenkt, die Stiefel staubig und ausgetreten, den → Stab an seine Schulter gelehnt wie ein Kreuz.

Ein wiederkehrendes Motiv in solchen allegorischen Wegbeschreibungen ist der typische christliche Glaube, dass die Wanderung auf dem Lebensweg anspruchsvoll, ja anstrengend sein müsse, um zu einem lohnenden Ziel zu führen. »Wohl aber liegt das Leben, das wir das selige nennen, auf hohem Gipfel«, räsonierte Francesco Petrarca bei seiner Besteigung des Mont Ventoux im Jahre 1336, »und ein schmaler Pfad, so sagt man, führt zu ihm empor.« Der englische Autor und Baptistenprediger John Bunyan verkündete in seinem 1678 erschienenen Hauptwerk *Der Fortschritt des Pilgers*, dass der allzu einfache, bequeme Weg den irdischen Pilger unfehlbar ins Verderben führe – der *narrow way*, die enge, beschwerliche Straße hingegen, verlaufe geradewegs ins Himmelreich. Und die Alabama Sacred Harp Singers jubilierten noch Ende der 1920er-Jahre, dass der Weg ins Himmelreich ausgesprochen steinig ist: »It's a mighty rocky road / I'm traveling a mighty rocky road / I'm traveling a mighty rocky road / I'm traveling it down to go where Jesus is.«

Diesem Glauben liegt die Annahme zugrunde, dass das wahre Gipfelglück erst im Jenseits erlangt werden kann und die Strapazen auf dem Weg dorthin daher jeder Mühe wert sind. Zumal der Körper innerhalb einer solchen neo-platonischen

Logik ohnehin nur eine Last ist, die der Wandernde beim Aufbruch in die andere Welt zurücklassen darf wie einen zu schwer gepackten → Rucksack. Mit der Moderne und dem vielzitierten Tod Gottes verlor diese Perspektive notwendigerweise an Überzeugungskraft: »Wer nur einigermaßen zur Freiheit der Vernunft gekommen ist, kann sich auf Erden nicht anders fühlen, denn als Wanderer«, so Friedrich Nietzsche, »wenn auch nicht als Reisender *nach* einem letzten Ziele: denn dieses gibt es nicht.« Oder wie es die Philosophin Ute Guzzoni in *Wohnen und Wandern* (1999) formuliert: »Der Raum und die Zeit des Irdischseins sind kein Zwischenstadium auf dem Weg zu einer anderen besseren Welt, weder einer zukünftigen hiesigen noch einer zeitlosen jenseitigen. Wir gehen nicht, um anzukommen, sondern wir gehen, (…) *weil wir gehen.*« Wo aber kein himmlisches Gipfelrestaurant wartet, um den Menschen für seine Mühen zu entlohnen, muss die Erfüllung notwendigerweise unterwegs gesucht werden: in den kleinen Freuden entlang des Pfades.

Folgt man dem Existenzialisten Albert Camus, können allerdings nicht nur die Quellen am Wegesrand, sondern sogar die Qualen der irdischen Wanderung an sich zur sinnstiftenden, beglückenden Erfahrung werden. »Schließlich ist nach dieser langen Anstrengung (…) das Ziel erreicht«, schreibt er in *Der Mythos von Sisyphos* (1942). »Und nun sieht Sisyphos, wie der Stein im Nu in jene Tiefe rollt, aus der er ihn wieder auf den Gipfel wälzen muss. Er geht in die Ebene hinunter. Auf diesem Rückweg (…) interessiert mich Sisyphos. (…) Ich sehe, wie dieser Mann schwerfälligen, aber gleichmäßigen Schrittes zu der Qual hinuntergeht, deren Ende er nicht kennt.« Es gibt keinen Gipfel mehr, der zu erreichen wäre, sondern nur noch den Abstieg ins Tal – und auch dieser stellt nur eine Zwischenetappe dar, eine kurze Pause, bevor es wieder bergauf geht. Indem der post-religiöse Bergsteiger diese Routine als sein Schicksal annimmt, so Camus, wird er zum »Herr seiner Tage«, gewinnt die Deutungshoheit über sein Leben: »Der Kampf gegen Gipfel vermag ein Menschenherz auszufüllen.«

Der Camus'sche Sisyphos darf somit als Urbild des modernen Wandernden gelten – der zwar nicht gerade einen Felsbrocken wälzen muss, aber immer wieder den Rucksack schultert und sich zu neuen Gipfeln aufmacht, im vollen Bewusstsein, dass dort keine Erlösung wartet, sondern nur eine profane körperliche ⇀ Rast und anschließend der Abstieg. Und dann die nächste Tour, die keinen metaphysischen Zweck hat, sondern nur eine innerweltliche Strapaze darstellt, und dann die nächste – bis der Mensch irgendwann zu erschöpft ist zum Gehen und sein Lebensweg im Nebel des Nichtseins verschwindet. Wir müssen uns den Wanderer als einen glücklichen Menschen vorstellen.

Lesen

 blättern, verstehen, erzählen, staunen, vorlesen, reisen, wandern

Lesen ist eine Reise. Selbst wenn man, ohne sich zu rühren, in seinem Lieblingssessel sitzt und in einem Buch schmökert, bewegen sich doch unablässig die Augen: von links nach rechts, dann mit einem mächtigen Satz (der passenderweise *Zeilensprung* genannt wird) zurück an den linken Seitenrand und wieder von vorn. Wenn man davon ausgeht, dass die Zeilenlänge eines Taschenbuchs ungefähr neun Zentimeter beträgt und eine Normseite 30 Zeilen umfasst, dann legen die Augen mit jeder Seite, die man liest, um die 2,70 Meter zurück. Bei der Lektüre eines Romans von 370 Seiten wandern sie einen Kilometer.

Darüber hinaus begibt sich der Lesende mit einem Buch vor allem auf eine geistige Reise: Er *erweitert seinen Horizont*, wie man sagt, und lernt durch die Lektüre geografische Orte, historische Epochen oder soziale Sphären kennen, die ihm sonst verschlossen blieben – oder die, da sie in der Vergangenheit oder fernen Zukunft liegen, sogar gänzlich unerreichbar sind. »Wenn wir ausruhen müssen und warten, so lesen wir in Büchern«, schrieb Hugo von Hofmannsthal in *Die Wege und die Begegnungen* (1907), »und dann wandern wir wieder mit Wandernden, ob es Sindbad ist, den die Wellen von Strand zu Strand werfen, (…) oder Oedipus auf dem Weg nach Kolonos.« Und Robert Gernhardt reimte, Heinrich Heines *Buch der Lieder* in der Hand: »Ein Buch zu öffnen, meint auch zu verreisen. / Heißt mehr noch: sich auf Neuland vorzuwagen. / Ob seine Worte brechen oder tragen, / Muss sich beim

Lesen Satz für Satz erweisen.« Ein Buch ist demzufolge wie eine Brücke: Es kann den Lesenden auf unbekanntes Terrain führen – es kann aber auch unter ihm zusammenstürzen und ihn ins kalte Wasser der enttäuschten Erwartungen plumpsen lassen.

Dies gilt für alle Werke der Literatur. Einen Sonderfall stellt das Genre der Wanderliteratur dar, da es den Lesenden nicht nur auf eine Augen- und Geistesreise mitnimmt, sondern darüber hinaus das Wandern selbst zum Thema macht. Zudem ermöglicht es ihm, die beschriebene Reise – Geld und geherische Fähigkeiten vorausgesetzt – nach der Lektüre selbst nachzuvollziehen: Das mit Abstand erfolgreichste deutschsprachige Sachbuch der vergangenen Jahrzehnte, der Pilgerbericht *Ich bin dann mal weg* (2006) des Entertainers Hape Kerkeling, wurde durch die Lektüre eines Wanderführers namens *Jakobsweg der Freude* inspiriert. Der enorme Erfolg des Buches (es wurde über vier Millionen Mal verkauft und stand zwei Jahre lang an der Spitze der *Spiegel*-Bestsellerliste) führte seinerseits zu einer kaum überschaubaren Flut von Veröffentlichungen, die sich ebenfalls dem *Camino de Santiago* widmeten und dabei den Titel von Kerkelings Werk variierten; darunter *Ich bin da noch mal hin: Mit Gott und Hape auf dem Jakobsweg* (2010) von Anne Butterfield, die Kerkeling während seiner Wallfahrt begleitet hatte. Ein motivischer Stafettenlauf, eine Karawane literarischer Jakobspilger.

Kerkeling selbst las während seiner Wanderung eigenen Angaben zufolge Shirley MacLaines autobiografisches Pilgerbuch *Der Jakobsweg: Eine spirituelle Reise* (2001). Was die Frage aufwirft, ob überhaupt, und wenn ja, was man während des Wanderns lesen sollte. Die Aussagen hierzu sind widersprüchlich. Jean-Jacques Rousseau ging bisweilen

Ilja Repin, *Leo Tolstoi während einer Rast im Wald* (1891);
Moskau, Staatliche Tretjakow-Galerie

angeblich so schnell, dass er sich durch Zeitschriftenlektüre ausbremsen musste: »Um meine Schritte zur Langsamkeit zu zwingen«, schreibt er in seinen *Bekenntnissen*, »kam ich auf den Gedanken, im Gehen zu lesen.« Eine Entscheidung mit Folgen: An einem Sommertag des Jahres 1749 stieß er, während er von Paris nach Vincennes wanderte, im *Mercure de France* auf eine Preisfrage der Akademie von Dijon – »Hat die Wiederherstellung der Wissenschaften und Künste dazu beigetragen, die Sitten zu läutern?« –, die ihn zur Abfassung seines ersten *Discours* inspirieren und europaweit berühmt machen sollte.

Andere Autoren wiederum sind der Ansicht, dass man beim Wandern keinesfalls Lesestoff mit sich führen sollte, da man sonst durch fremde Gedanken belastet und die eigene Weltwahrnehmung verfälscht werden könnte (eine Idee, die sich ironischerweise auf Rousseau und seine Kritik am verderblichen Einfluss der Wissenschaften und Künste berufen kann). »Um aber recht gründlich allein zu reisen, nehme ich nicht einmal ein Buch mit auf die Wanderschaft«, meinte beispielsweise der Kulturhistoriker Wilhelm Heinrich Riehl im *Wanderbuch* (1869), »ich will gezwungen sein, durchs Entbehren jeder anderen geistigen Anregung Geist und Auge fortwährend auf die umgebenden Dinge zu richten und dieselben (…) in meiner Weise durchzudenken.« Und Friedrich Nietzsche beteuerte in seiner Aphorismensammlung *Die fröhliche Wissenschaft* (1882), dass man wahre, lebendige Inspiration nicht beim Gang durch Büchereien und Bibliotheken, sondern am besten in der Natur erlangen könne: »Wir gehören nicht zu denen, die erst (…) auf den Anstoß von Büchern zu Gedanken kommen – unsre Gewohnheit ist, im Freien zu denken, gehend, springend, steigend, tanzend, am liebsten auf einsamen Bergen oder dicht am Meere, da wo selbst die Wege nachdenklich werden.«

Allerdings wäre es naiv zu glauben, dass sich die Bücher während unserer Abwesenheit still verhalten. Schließlich ist die Bedeutung eines Textes nicht statisch und ein für alle Mal festgelegt, sondern verändert sich unablässig. Bei jeder neuen Lektüre lesen wir etwas anderes, mit jedem Aufschlagen eines Buches hat sich sein Inhalt verschoben. In der Terminologie des Philosophen Jacques Derrida könnte man sagen: Es gibt keinen »Ursprung des Sinns«, keine »Quelle«, an der man sich als Lesender laben könnte – der Text legt allenfalls eine »Spur«. »In Wirklichkeit ist die Spur der absolute Ursprung des Sinns im allgemeinen; was aber bedeutet, (…) dass es einen absoluten Ursprung des Sinns im Allgemeinen nicht gibt.«

Wir können dieser flüchtigen Fährte folgen, uns ihr vorübergehend anvertrauen. Aber wir dürfen uns nie allzu sicher sein: Wir können sie jederzeit wieder verlieren wie einen Steig im Gebirge, der sich nach ein paar hundert Metern als Trampelpfad eines Wildtiers entpuppt. Wer liest, begibt sich grundsätzlich auf schlüpfriges Terrain; die Zeichen, an denen er sich zu orientieren versucht, sitzen niemals still. Auch die Signifikanten haben → Wanderlust.

Natur

 unberührt, idyllisch, überwältigend, reichhaltig, grausam, unerbittlich, unberechenbar

Das Wort *Natur* kommt vom lateinischen *natura*, das wiederum auf das Verb *nasci*, »geboren werden«, zurückgeht. Seiner etymologischen Wurzel nach ist die Natur also etwas Ursprüngliches, Unvorhersehbares, Unbeflecktes: noch nicht von der menschlichen Gesellschaft verdorben, sondern rein und unschuldig wie ein neugeborenes Kind. Zugleich ist sie ein Ort, an dem wir auch als Erwachsene zu unserem vorzivilisatorischen Menschsein zurückfinden können; wo wir, indem wir wandern, gereinigt und neu geboren werden. Zumindest nach romantischem Verständnis: Galt die Natur zuvor wahlweise als feindselige Wildnis, gegen die sich der Mensch behaupten musste, oder als Ressource, die er ausnutzen konnte, wurde sie im Lauf des 18. Jahrhunderts in den Status einer mütterlichen Lehrmeisterin erhoben. »Mir leuchtet es immer mehr und mehr ein, dass die Bücher schlechte Sittenlehrer sind«, ließ Heinrich von Kleist 1800 seine Verlobte Wilhelmine von Zenge wissen. »Was wahr ist, sagen sie uns wohl, (...) aber es dringt in die Seele nicht ein. Einen Lehrer gibt es, der ist vortrefflich, wenn wir ihn verstehen; es ist *die Natur.*« Diese Vorstellung geht maßgeblich auf Jean-Jacques Rousseau zurück, der in seinen beiden *Diskursen* (1750/55) die menschliche Zivilisationsgeschichte als eine des Niedergangs, der *dépravation* beschrieben hatte. Erst mit der Urbarmachung der egalitären, freiheitlichen Natur, so Rousseau, seien die Lüge, die Ungleichheit und die Knechtschaft in die Welt gekommen. Im Naturzustand sei der Mensch aufrichtig gewesen – durch seinen verhängnisvollen Drang zur Reflexion wurde er diesem seligen Dasein entfremdet. Der Mensch, der nachdenkt, sei »ein entartetes Tier«.

Immerhin kann er auf Wanderungen noch einen Abglanz dieses verlorenen Paradieses erhaschen. Im Gefolge Rousseaus wurde die Natur zum Sehnsuchtsort schlechthin erhoben: Hier konnte der Mensch sich von den Zumutungen der Industrialisierung erholen und seine »Modernisierungsschäden« (Odo Marquard) auskurieren. Hier fanden Dichterinnen und Dichter Inspiration und spürten, unbehelligt von Gefühls- und Verhaltenskonventionen, ihren feinsten Empfindungen nach. Nicht zuletzt zelebrierte der Citoyen hier seine stolze Unabhängigkeit gegenüber den gekünstelten Umgangsformen des Adels: Der Adlige war bei Ausflügen in seine Kutsche eingesperrt und auf seine Knechte angewiesen – der Bürger wanderte, ganz Herr seiner selbst, durch die freie Natur.

Möglich wurde dieses neue Naturverhältnis nicht zuletzt durch eine säkulare Weltsicht, die den Blick auf diesseitige Phänomene schärfte, aufwertete, ja allererst möglich machte. Als der Renaissancedichter und Proto-Bergsteiger Francesco Petrarca im April 1336 den Mont Ventoux bestieg, blieb er zwar gebannt auf dem Gipfel stehen und bewunderte die fantastische Aussicht, das Juragebirge im Norden, im Süden den Golf von Marseille – doch dann besann er sich mit einem Mal auf die *Bekenntnisse* des Augustinus, die er stets als Wanderlektüre mit sich führte: »Und es gehen die Menschen, zu bestaunen die Gipfel der Berge und die ungeheuren Fluten des Meeres und die weit dahinfließenden Ströme und den Saum des Ozeans«, las er dort, »und haben nicht acht ihrer selbst.« Beschämt von den Worten des Kirchenvaters wandte

Petrarca den Blick von den Naturschönheiten ab und beschloss, sich statt auf die *physis* auf seine unsterbliche *psyche* zu konzentrieren. Bis zum modernen Naturverständnis, das den Genuss eines Bergpanoramas als Wert an sich gelten lässt und nicht in Opposition zur Seelenschau denken muss, war es noch ein weiter Weg.

Mittlerweile gilt die Vorstellung, dass die Natur per se schön, wahr und bewahrenswert sei, als selbstverständlich: Sie bildet die Hintergrundstrahlung für unzählige Gemälde, Gedichte, Romane, Filme und Lieder und ist durch diese tief in unser kollektives Unbewusstes eingesickert. »So habe ich es gern«, erklärt der Beatnik-Bergsteiger Japhy Ryder in Jack Kerouacs *The Dharma Bums* (1958), »wenn du wirklich in Fahrt kommst, brauchst du nichts zu sagen, so als ob wir Tiere wären und uns einfach nur durch wortlose Gedankenübertragung verständigen.« Das Gehen in der Natur der Sierra Nevada ermöglicht eine Annäherung an den von zivilisatorischem Firnis verdeckten animalischen Wesenskern. Ähnlich erprobt eine Wanderin in Klaus Modicks Roman *Ins Blaue* (1985) die Rückkehr zur tierischen Natur des Menschen, indem sie auf das Tragen von → Stiefeln verzichtet: »Sie geht barfuß, scheint über den Steinen, Disteln, Zweigen, die auf dem Pfad liegen, zu schweben (…). ›Das Gehen‹, sagt sie einmal beiläufig, ›ist einfacher, wenn man ohne Schuhe läuft. (…) Deine Füße finden schon ihren Weg. Lass sie laufen.‹« In der Erzählung *Nackedei* (2001) des Schriftstellers Michael Ebmeyer schließlich entledigt sich der Erzähler nicht bloß seines Schuhwerks, sondern gleich sämtlicher kulturellen Membrane, um der Natur beim Wandern so nahe wie möglich zu kommen. »Wie Nacktlaufen sich anfühlt, wollen Sie jetzt wahrscheinlich wissen. (…) Am besten, Sie fangen mit einem Waldspaziergang in ruhigerer Umgebung an, schlagen sich seitlich des Wegs ins Unterholz, wenn Ihnen dabei wohler ist. Dann knöpfen Sie vielleicht vorsichtig Ihre Hose auf und lassen diesen Eindruck auf sich wirken. Alles Weitere, glauben Sie mir, ergibt sich von selbst.«

In der Tat erweist sich der Weg *retro ad naturam* aber als steiniger als gedacht. Modicks Erzähler zerkratzt sich, als er es seiner hippiesken Wandergefährtin gleichtun will, die Füße an Disteln und Dornen. Und Ebmeyers Nacktwanderer wird von empörten Städtern gefangen, fotografiert und sozial geächtet. Wir haben als moderne Angehörige der Spezies *Homo sapiens* eben keine schwieligen Pfoten mehr, dafür aber internalisierte Schamgefühle. Die Fesseln der Zivilisation, die wir seit Rousseau so schmerzhaft-beschränkend zu spüren vermeinen, lassen sich nicht einfach so abstreifen. Kulturelle Normen, Werte und Schranken sind uns zur *zweiten Natur* geworden.

Hinzu kommt die grundsätzliche Frage, was mit Natur überhaupt gemeint ist; ja, ob es *die* Natur überhaupt gibt. Schließlich handelt es sich dabei um einen denkbar weit gefassten Begriff, der vom Einzeller bis zum Mount Everest eine Vielzahl von Phänomenen umfasst. Natur ist eben nicht nur der Sonnenaufgang am Sommermorgen, sondern auch der Herbststurm, der den Bannwald umknickt; ist nicht nur die blaue Blume am Wegesrand, sondern auch der Knollenblätterpilz, ist Zecke und Blutegel und Bettwanze und Milzbrand. Anders gesagt: Der Begriff ist so umfassend und abstrakt, dass er kaum Trennschärfe besitzt – und sich nicht unbedingt zur romantischen Idealisierung eignet.

Auch die Abgrenzung von der *Kultur,* der die Natur meist begrifflich entgegengesetzt wird, erscheint problematisch.

Zum einen ist auch der Mensch nichts weiter als ein höherentwickeltes Landsäugetier, weshalb man seine künstlerischen Werke als Natur-Erzeugnisse interpretieren könnte: Auch Liebesgedichte, den Nebenbuhler verhöhnende Rap-Tiraden und Romane, die andere Artgenossen alt aussehen lassen, wären dieser Lesart zufolge Teil der Natur, da sie auf Vorteile bei der sexuellen Selektion abzielen. Zum anderen ist gerade im Anthropozän – also dem aktuellen, maßgeblich vom Menschen und seinen Emissionen geprägten Erdzeitalter – die Unterscheidung zwischen *natürlich* und *künstlich* hochkompliziert geworden, da oft ungewiss ist, wo das Naturphänomen aufhört und der Einfluss des Menschen beginnt. Wenn eine Rotte Wildschweine durch den Vorgarten marodiert – stellt das einen Einbruch der Natur in den Stadtraum dar, oder ist es umgekehrt eine Folge der urbanen Zersiedelung? Kündigt die Wolke über den Bergen Regen an, oder ist sie Folge eines Chemieunfalls? Und ist der plötzliche Wetterumschwung eine Laune der Natur oder eine Konsequenz des Klimawandels?

»Was immer (die Natur) auch sein mag, sie wird niemals die Konzepte und Erwartungen erfüllen, die wir von ihr haben«, schreibt der amerikanische Dichter und Umweltaktivist Gary Snyder in *No Nature* (1992). »Den größten Respekt, den wir der Natur erweisen können, ist, sie nicht begrifflich zu fixieren, sondern einzugestehen, dass sie sich uns entzieht – und dass auch unsere menschliche Natur protheisch, unbestimmt und abhängig von äußeren Einflüssen ist.« Das heißt in letzter Konsequenz: Wir müssen nicht nur aufhören, uns über die Natur zu erheben. Wir sollten auch aufhören, über sie zu schreiben.

Walter Leistikow, *Märkische Seenlandschaft (mit sonnenbeschienenem Wald und Feld im Hintergrund)* (um 1896); Regensburg, Kunstforum Ostdeutsche Galerie

Orientierung

 verlieren, geben, suchen, finden

»Ich glaube«, verkündete Henry David Thoreau in *Walking* (1862), »dass es einen feinen Magnetismus in der Natur gibt, der uns, wenn wir uns ihm unbewusst überlassen, den richtigen Weg weisen wird.« Ein frommer Glaube, der wohl nur gerechtfertigt ist, wenn es sich bei den Wesen, für die Thoreau hier spricht, um Meeresschildkröten oder andere Tiere mit Magnetsinn handelt. Die meisten Menschen würden sich auf einer solch unbewussten Wanderung verirren. Sie sind auf Karte, Kompass, satellitengestützte Navigationssysteme und andere Hilfsmittel zur Orientierung angewiesen.

Das lateinische Verb *oriri* bedeutet »sich erheben, aufgehen, entspringen«; der Ausdruck *sol oriens* meint entsprechend den Ort des Sonnenaufgangs. Das Wort Orientierung beschreibt also ursprünglich die Fähigkeit, den Osten und von ihm ausgehend die anderen Himmelsrichtungen zu bestimmen. Dass sich der Osten etymologisch als Leithimmelsrichtung durchgesetzt hat und man nicht von *Meridianisierung*, *Okzidentierung* oder gar *Septentrianisierung* spricht, hat einen triftigen Grund: Der Süden lässt sich, wenn man den Sonnenstand betrachtet, nur zur Mittagszeit bestimmen. Wo Westen ist, erfährt man erst am Abend, wenn es zum Loswandern zu spät ist (das Wort stammt von der indogermanischen Wurzel *hwes-*, was »weilen, ausruhen« bedeutet). Und wo sich der Norden befindet, lässt sich überhaupt nur *ex negativo* ermitteln, da es die einzige Himmelsrichtung ist, wo die Sonne auf unserer Halbkugel, wie es im Kindermerkvers heißt, »nie zu seh'n« ist. Erst mit dem Siegeszug des magnetischen Kompasses zu Beginn der Neuzeit erhielt der Norden jene dominante Stellung, die ihm in der Kartografie heute zukommt.

Das Wort Orientierung meint stets mehr als nur eine Bestimmung der Position im Raum: Für Immanuel Kant stellte es die zentrale Metapher für sämtliche intellektuellen Tätigkeiten dar. Dank unserem Orientierungssinn, schreibt er in *Was heißt: sich im Denken orientieren?*, können wir, wenn wir nachts im Dunkeln durch die Wohnung gehen, die Lage der Möbel und Gegenstände zueinander bestimmen. Auch die »reine Vernunft« geht, ähnlich wie das Auge bei Betrachtung des Sonnenlaufs, von einem bekannten Erfahrungsgegenstand aus und lässt das Denken von dort aus in neue Gefilde schweifen. Die Fähigkeit, vom Ort des Sonnenaufgangs ausgehend auf alle Richtungen der Windrose zu schließen, bildet Kant zufolge also die Grundlage für die eigene intellektuelle Positionierung in der Welt. Selbst der abstrakteste *Gedankengang* folgt dieser körperlichen Raumerfahrung.

Hinzu kommt, dass mit den verschiedenen Himmelsrichtungen (und besonders mit jenen beiden, wo die Sonne auf- beziehungsweise untergeht) besondere »mythische Gefühlswerte« (Ernst Cassirer) verknüpft sind. In der westlichen Tradition stellt der Osten traditionell die Himmelsrichtung der Auferstehung dar: Nicht nur die Sonne, auch der christliche Erlöser sowie die seine Verehrung begründenden Schriften kommen, von Mitteleuropa aus gesehen, aus dem »Morgenland«. Die meisten christlichen Kirchen sind daher geostet: Der Altarraum mit Kreuz weist in Richtung der aufgehenden Sonne, während die Darstellung des Jüngsten Gerichts über dem Westportal zu finden ist. In der Kartografie waren Orientierung, Heilstopografie und Menschheitsgeschichte auf ähnliche Weise verschachtelt: Auf mittelalterlichen Weltkarten sind im Osten bisweilen Adam und Eva sowie das Paradies abgebildet, während am westlichen Kartenrand die Zeugen der Apokalypse zu sehen sind.

Erst in der Neuzeit änderte sich diese Hierarchie der Himmelsrichtungen. An die Stelle der traditionellen Pilgerfahrt nach Osten, nach Jerusalem, trat die Entdeckungsreise nach Westen, zu den amerikanischen Kontinenten; und an die Stelle der Rückbesinnung auf eine mythische Vergangenheit trat der Blick in die Zukunft. »Der Drang von Ost nach West hat die ganze Nation ergriffen, als sei dies der Fortschritt der Menschheit«, schreibt Thoreau. »Ostwärts gehen wir, um die Geschichte kennenzulernen, um die Werke der Kunst und Literatur zu studieren, indem wir unser Herkommen zurückverfolgen; wir gehen westwärts den Weg in die Zukunft, voller Unternehmungsgeist und Abenteuerlust.« Ein weiterer mythischer Gefühlswert: Raum und Zeit erscheinen miteinander verwoben, wobei der innere Kompass des modernen Wanderers entschieden nach links weist. »Jeder Sonnenuntergang, dessen Zeuge ich bin«, so Thoreau, »lässt in mir die Sehnsucht aufkommen, in einen Westen zu wandern, der so weit und so hell ist wie der Ort, wo die Sonne niedersinkt. Sie scheint täglich westwärts zu wandern und lockt uns, ihr zu folgen.«

Knapp hundert Jahre nach Thoreau schmiedeten drei Männer den Plan, tatsächlich der Sonne zu folgen. Allerdings nicht nur dorthin, wo sie sich abends zur Ruhe legt, sondern den ganzen Tag über, zuerst nach Osten, »dann nach Süden ausholend. (…) Dann, im Laufe des Nachmittags, Südwest

(…) und schließlich nach Westen« – eine eigenwillige Form der Orientierung. *Der Sonn' entgegen* … heißt das Prosastück von Arno Schmidt aus dem Jahr 1961, in dem die drei Wanderer diesen Plan entwickeln. Und obwohl es sich um literarische Figuren handelt, fügte der Autor seinem Text eine Kartenskizze hinzu, auf der er die allfällige Wanderroute von seinem Heimatdorf Bargfeld aus einzeichnete, und forderte in einem Nachwort interessierte Leserinnen und Leser dazu auf, sein Gedankenspiel mathematisch zu überprüfen. »Und was Geografie und -däsie anbelangt, so sei (…) erlaubt, die lokalen Krümmungsdefekte zu vernachlässigen, sowie auch Hindernisse als nicht-existent angesehen zu werden brauchen.«

Da hat Arno Schmidt gut reden. Ein kaum zu überwindendes Hindernis, an dem man als Wandernder in Mitteleuropa, wenn man dem Sonnenlauf folgt, früher oder später wahrscheinlich landet, ist eine erhabene Wasserfläche im Westen: der Atlantik. Was also tun, wenn man am Meeresrand steht und der Leitstern im Wasser verschwindet, man also im wahrsten Sinne des Wortes *des-orientiert* ist? Für alle, die im Dunkeln tappen, hält wie so oft Heinrich Heine ein paar Worte des Trostes bereit. »Mein Fräulein! sein Sie munter«, rät er einer Dame, die der am Horizont versinkenden Sonne hinterhertrauert: »Das ist ein altes Stück; / Hier vorne geht sie unter / Und kehrt von hinten zurück.«

Pilgern

 barfüßig, schicksalsergeben, einsam, erwartungsfroh, vertrauensvoll

Das deutsche Wort Pilger leitet sich vom lateinischen *peregrinus*, ›»fremd‹« her, das seinerseits auf die Wendung *per ager*, »durch den Acker« zurückgeht. *Peregrini* oder *pelegrini* nannte man Menschen von außerhalb, die auf der Suche nach den Heiligen Stätten durch das Stadtgebiet – den »Acker« – von Rom wanderten. Der Ausdruck Pilger ist also zunächst einmal, im wahrsten Sinn des Wortes, eine Fremdzuschreibung. Und: Es meint keinen dauerhaften Zustand, sondern nur eine Phase. Pilgerschaft ist kein Beruf, sondern (wie Wandern, → Flanieren oder → Spazieren) eine *vorübergehende* Tätigkeit. Eine Auszeit vom Alltag, deren Ergebnisse weder mess- noch essbar noch verkäuflich sind.

Vermutlich ist Pilgern die älteste Form der Wanderschaft, die keiner physischen Notwendigkeit – etwa der Jagd, der Nahrungs- oder Wohnortsuche oder dem Handel – dient. Seit der Antike stellt dabei Jerusalem das bedeutendste Pilgerziel dar; es ist ein Wallfahrtsort für die Anhänger aller drei großen Buchreligionen: für Juden, weil sich dort, in Form der Klagemauer, die Überreste des zweiten Israelitischen Tempels befinden. Für Christen, weil es der Ort von Jesu Leiden, Tod und Auferstehung sein soll. Und für Muslime, weil der Prophet Mohammed vom Plateau des Tempelbergs aus seine Himmelfahrt angetreten haben soll; sein letzter Fußabdruck ist heute noch sichtbar. Ab dem 8. Jahrhundert kam für christliche Pilger Rom als Wallfahrtsziel hinzu, die letzte Ruhestätte der Apostel Petrus und Paulus. Außerdem etwas später das mutmaßliche Grab von Jakobus dem Älteren in Santiago de Compostela, das nicht zuletzt wegen des spektakulären Anmarschs über die Pyrenäen und der guten Infrastruktur inzwischen von Gläubigen und Ungläubigen jeglicher Couleur angesteuert wird.

Das Bestechende an einer Wallfahrt zu Fuß liegt darin, dass sie eine eigentlich unlösbare spirituelle Aufgabe in die Körperlichkeit überführt. »Auf Pilgerschaft kann man sich physisch, durch die Anstrengungen des eigenen Körpers, Schritt für Schritt auf jene immateriellen spirituellen Ziele zubewegen, die sonst nur schwer zu erreichen sind«, schreibt Rebecca Solnit in *Wanderlust* (2000). »Wir stehen immer vollkommen ratlos vor der Frage, wie man Vergebung oder Wiedergutmachung oder die Wahrheit erlangen kann – aber wir wissen, wie man von A nach B geht, ganz gleich wie beschwerlich der Weg auch sein mag.« Anders gesagt: Die Pilgerwanderung konkretisiert ein Abstraktum; sie füllt eine geistige Aufgabe mit Knochen, Sehnen und Muskelmasse. Wer sich vier Wochen lang auf dem *Camino Francés* durch die glühende Hitze Galiziens bis nach Santiago geschunden hat, der kann sich plausibel einreden – im Sinne des alten Seneca-Diktums *per aspera ad astra* –, dem Himmel ein wenig näher gekommen zu sein (→ Leben).

Oder er hat sich zumindest, durch die körperlichen Strapazen der Wanderung, psychisch verändert. Die große Verheißung der Pilgerschaft ist die innere Verwandlung, weshalb sich in der Nähe von Pilgerzielen oft Quellen, Bäche oder Flüsse befinden: In sie kann der Wandernde eintauchen, sich äußerlich und innerlich reinigen. Mit den Kleidern streift er sein überkommenes Selbst ab, das Wasser wäscht ihn, zusammen mit dem Schweiß und Staub des Tages, von allen Fehlern rein. Dieser Prozess der Metamorphose und Regeneration mag in der Regel erst am Zielpunkt des Pilgergangs erreicht sein – er hat aber bereits unterwegs begonnen, mit dem schleichenden Prozess des Selbstverlusts, der beim Wandern einsetzt. Mit der Reduktion des Gehenden auf seine Füße, seine Beine, auf sein urtümliches Dasein als anonymer *homo viator*, ein Wallfahrer unter vielen. Titel, Beruf und sozialer Stand spielen auf dem Pilgerweg keine Rolle.

Es geht beim Wallfahren (wie beim Wandern allgemein) also nicht darum, eine wie auch immer geartete → Identität wiederzuerlangen. Es geht darum, diese hinter sich zu lassen, mehr noch: der Vorstellung, es gebe ein authentisches Ich, zu entfliehen. Wenn wir Tage oder Wochen zu Fuß unterwegs sind, lassen wir nicht nur unser gewohntes Umfeld, sondern auch unsere sozialen Rollen, Codes und Masken zu Hause. Im Stummfilmklassiker *The Pilgrim* (1923) legt ein Krimineller, verkörpert von Charlie Chaplin, seine Sträflingskleidung ab, zieht zur Tarnung die schwarze Soutane eines Geistlichen, ein Pilgerkostüm, an und ist fortan gezwungen, ein seiner Verkleidung gemäßes Leben zu führen. Und siehe: Die äußere und innere Metamorphose gelingt – zumindest teilweise. Am Ende des Films sehen wir Chaplin breitbeinig die amerikanisch-mexikanische Grenze entlanglaufen: ein Bein in seinem neuen Leben im Süden, in Freiheit – das andere im alten Dasein nördlich der Demarkationslinie, wo ihm das Gefängnis droht. Halb Ganove, halb Geistlicher: So ganz kann der Mensch, auch als Pilger, seine Geschichte eben doch nie zurücklassen.

Chaplins namenloser Tramp ist, wenig überraschend, eine tragikomische Figur – wie allgemein die Figur des Wallfahrers zur Parodie einlädt. Die Pilgerschar, die sich in Geoffrey

Carl Gustav Carus, *Pilger im Felsental* (um 1820);
Berlin, Nationalgalerie

Chaucers mittelenglischem Geschichtenzyklus *The Canter-bury Tales* zu den Gebeinen des Heiligen Thomas Becket auf-macht, ist ein wilder, teilweise gottloser Haufen, ein Tableau der spätmittelalterlichen Gesellschaft mit all ihren Höhen und Abgründen. Die Komik entsteht dabei nicht zuletzt durch den Kontrast zwischen den hehren Ansprüchen, die die Rolle des Wallfahrers mit sich bringt, und der stocknüch-ternen Realität. Jeder Pilgernde strebt eine hellere Zukunft an (die Vergebung seiner Sünden), kann aber nie ganz den Schatten seiner Vergangenheit entfliehen (offenbar besteht ja akuter Vergebungsbedarf, sonst würde er nicht pilgern). Wer pilgert, ist stets ein sprichwörtlicher *Wanderer zwischen zwei Welten*: zwischen Morgen und Gestern, erstrebtem und etabliertem Ich, Ideal und Wirklichkeit. Und wie bei allen Balanceakten besteht bei einer solchen spirituellen Gratwan-derung akute Absturzgefahr.

Dennoch hat das Konzept des wundertätigen Gehens auch in unserer säkularen Zeit nur wenig an Attraktivität einge-büßt. Als der Filmemacher Werner Herzog 1974 erfuhr, dass die legendäre Filmhistorikerin Lotte Eisner in Paris schwer erkrankt war, brach er von München aus auf, um sie durch eine Art magischen Gewaltmarsch vor dem Tod zu bewah-ren: »Ich ging auf dem geradesten Weg nach Paris«, berichtet er in *Vom Gehen im Eis*, »in dem sicheren Glauben, sie werde am Leben bleiben, wenn ich zu Fuß käme.« (Tatsächlich: Sie wurde fast neunzig Jahre alt.) Und der amerikanische Autor Gideon Lewis-Kraus absolvierte Anfang der Nullerjahre gleich drei legendäre Wallfahrten in Folge: erst den christ-lichen Jakobsweg nach Santiago de Compostela. Dann den buddhistischen Pilgerweg zu den 88 Tempeln von Shikoku in Japan. Zuletzt besuchte er das Grab des chassidischen Mystikers Rabbi Nachman in der zentralukrainischen Stadt Uman. Was ordnungsgemäß als Selbstfindungstrip endet, hat als wortwörtliche Schnapsidee begonnen – ohne irgendwelche spirituellen Ambitionen. *Die irgendwie richtige Richtung* lautet entsprechend unverbindlich-vage der Titel des diese multireligiöse Pilgerreise dokumentierenden Buches.

Ein typisch postmodernes Unterfangen: Kein Weg ist mehr zwingend vorgezeichnet. Der Pilgernde wählt stattdessen, je nach aktueller Stimmung und persönlichem Gusto, eine ihm passend erscheinende Route aus dem großen Fundus der verfügbaren Rituale und Traditionen. *Anything goes*, wie ein Slogan der Postmoderne lautet: Alles ist möglich. Oder, freier übersetzt: Alles wandert.

Politik

 appellieren, sagen, machen, mitbestimmen, diskutieren, einmischen, eingreifen

Seinem Wesen nach ist Gehen eine zutiefst demokratische Sache: Schließlich handelt es sich um eine Tätigkeit, die beinahe jede und jeder in frühester Kindheit erlernt und für die man keine kostspieligen Hilfsmittel oder Ausrüstungsgegenstände benötigt. Vor dem Wald, dem Weg, dem Gebirge sind alle Gehenden gleich. Zudem lässt sich gerade beim Wandern das Gefühl der → Freiheit erproben: Unabhängig von höheren Weisungen, ohne ein vorgegebenes Pilger- oder Marschziel folgt der Wandernde seinen eigenen Vorgaben, seinen persönlichen Plänen, die er jederzeit modifizieren kann. Immer der Nase nach.

Tatsächlich lässt sich die bürgerliche Wanderbegeisterung des ausgehenden 18. und frühen 19. Jahrhunderts als bewusste Abgrenzung von dem Gebaren des Adels verstehen. Der Adlige ging, wenn überhaupt, in seinem gepflegten französischen Garten spazieren – der Citoyen hingegen trat beherzt hinaus in eine undomestizierte Landschaft, die nicht mehr als wild und chaotisch etikettiert wurde, sondern als schön oder erhaben. Das Gehen wurde mithin zur emanzipatorischen Geste des selbstbewussten Bürgers. Seine Fußstapfen lassen sich bis in die Gegenwart nachverfolgen: Wenn sich ein Politiker heutzutage als bodenständig, gutbürgerlich, antielitär inszenieren will, dann geht er wandern.

Gerade in Deutschland scheint → Wanderlust eine Art Schlüsselqualifikation für höchste politische Ämter darzustellen: Es gibt kaum einen Bundespräsidenten, der nicht öffentlich bekannte, begeisterter Wanderer zu sein, oder davor zurückschreckte, sich bei seinen Exkursionen von Hunderten Bürgern in Kniebundhosen begleiten zu lassen. So prägte der erste Bundespräsident Theodor Heuss das daoistisch anmutende Bonmot: »Der Sinn des Reisens ist, an ein Ziel zu kommen, der Sinn des Wanderns, unterwegs zu sein.« Karl Carstens wurde als *Wanderpräsident* tituliert und erklärte bei seinem Amtsantritt, Deutschland in seiner Gänze durchschreiten zu wollen, von Schleswig-Holstein bis zu den Alpen: »Allerdings in Etappen. (…) Also nicht, dass Sie denken, ich werde in den nächsten zwei Monaten meine Amtsgeschäfte aufgeben und nur noch wandern. Das geht leider nicht.« Bundeskanzlerin Angela Merkel schließlich geht seit Jahrzehnten regelmäßig zum Wandern nach Südtirol und ließ sich 2018 von dem dort beheimateten Urgestein Reinhold Messner attestieren, sie sei immer noch »in guter Form. Bei unseren letzten Wanderungen schaffte sie tausend Höhenmeter, und zwar ohne länger zu rasten. Angela Merkel ist zäh, nicht nur am Berg, auch im politischen Betrieb um sie herum.« Offenbar sind diese beiden Bereiche, nicht nur in Messners Wahrnehmung, innig miteinander verquickt.

Dass Politiker gerne wandern, ist dabei keineswegs selbstverständlich. Man denke an den US-amerikanischen Präsidentendarsteller Donald Trump, der lieber Golf spielt, oder an seinen russischen Kollegen Wladimir Putin, der sich auf offiziellen Urlaubsbildern vorzugsweise beim Angeln oder, mit blanker Brust, beim Reiten ablichten lässt. Doch können auch diese Staatsoberhäupter, zumindest sprachlich, der Bergwelt nicht entkommen: Wenn sich die G20, die Gruppe der zwanzig wichtigsten Industrie- und Schwellenländer, zu ihren jährlichen Treffen versammelt, spricht man in gut alpiner Metaphorik von einem *summit*, einem *Gipfel*. Vorbereitet wird dieser Gipfel von politischen Chefunterhändlern, den sogenannten *Sherpas* – benannt nach dem Volk der Sherpa, deren Männer von Bergsteigern im Himalaya gerne als Träger angeheuert werden. Und wenn bestimmte Themen von diesen ranghohen Mitarbeitern verhandelt werden, redet man vom sogenannten *Sherpa-Track*: dem *Pfad der Hochgebirgsträger*. Die Sprache der internationalen Politik ist durchdrungen von Wandermetaphorik.

Doch auch in niederen politischen Gefilden, auf der sogenannten *Graswurzel-Ebene*, spielt das Wandern eine wichtige Rolle – und zwar nicht nur im übertragenen, sondern im ureigentlichen, körperlichen Sinn. Gemeint ist das obrigkeitskritische Protestwandern, als dessen Begründer der indische Politiker Mahatma Gandhi gilt. Im Frühjahr 1930 ging er mit einer Gruppe *satyagrahi* im Gefolge knapp vierhundert Kilometer bis ans Ufer des Arabischen Meers, um gegen die Besteuerung des Grundnahrungsmittels Salz durch die britischen Besatzer zu protestieren. Dieser sogenannte Salzmarsch läutete den Anfang vom Ende der Kolonialherrschaft in Indien ein. Zudem wurde er zum Vorbild für zahllose weitere Protestwanderungen, zum Beispiel den berühmten *March on Washington* von 1963, an dessen Ende der Bürgerrechtler Martin Luther King seine legendäre »I Have a Dream«-Rede hielt: »Wir können nicht alleine gehen. Während wir gehen, müssen wir ein Gelöbnis ablegen, dass wir immer weitermarschieren werden. Wir können nicht umkehren.«

Inzwischen ist das kollektive Wandern zu einer globalen Form des politischen Protests geworden: Im Sommer 2017 machte sich der türkische Oppositionspolitiker Kemal Kılıçdaroğlu auf den Weg von Ankara nach Istanbul, um gegen die Politik von Staatspräsident Erdoğan zu protestieren; angeblich wurde er auf seinem Gerechtigkeitsmarsch von bis zu zwei Millionen Menschen begleitet. Und im März 2018 wanderte der armenische Oppositionsführer Nikol Paschinjan aus Gumri, der zweitgrößten Stadt der Kaukasus-Republik, in die Hauptstadt Eriwan, um den Machthaber Sersch Sargsjan zu stürzen; in der Tat trat der Präsident kurz darauf zurück. »Das Gehen selbst hat zwar nicht die Welt verändert, aber das gemeinsame Gehen ist zu einem Ritual, einem Werkzeug, einer Selbstversicherung der Zivilgesellschaft geworden, die sich gegen Gewalt, Angst und Unterdrückung wendet«, schreibt Rebecca Solnit. »Tatsächlich kann man sich nur schwer eine funktionierende Zivilgesellschaft vorstellen, die nicht über das freie Spiel der Vorstellungskräfte und das geografische Wissen verfügt, das man beim Gehen erlangt.« (Dass kollektives Gehen aber auch militaristisch wirken oder der schieren Demonstration von Masse und Macht dienen kann, ersieht man etwa an Mussolinis Marsch auf Rom im Jahr 1922 oder an den montagabendlichen »Spaziergängen« in Dresden und anderswo.)

Das Attraktive am Protestmarsch ist, dass er – ähnlich wie die Pilgerschaft – ein schwer fassbares abstraktes Ziel in die Kohlenstoffwelt verschiebt und damit handhabbar macht. Die jeweilige Forderung wird durch einen konkreten Zielort markiert, einen neuralgischen, politisch bedeutsamen Punkt: sei es das Meer wie bei Gandhi, sei es die jeweilige Hauptstadt (Washington, Eriwan) oder die größte Metropole des Landes (Istanbul). Die Wanderung selbst gleicht einem argumentativen Anlaufnehmen, einem langen gemeinsamen Gedankengang. Die Ankunft der Wandernden am Zielort

Demonstranten während des *Marschs auf Washington für Arbeit und Freiheit*, in dessen Verlauf Martin Luther King am 28. August 1963 seine berühmte *I Have a Dream*-Rede hielt

schließlich ist mehr als nur Ausdruck numerischer Stärke – sie nimmt auch symbolisch das Erreichen der unterwegs formulierten politischen Ziele vorweg.

Nur: Was, wenn diese Forderungen endlich durchgesetzt sind? Was tun, wenn die Ziele erreicht sind, die Missstände beseitigt, der einstige Protestwanderführer sich in politischem Amt und Würden befindet? Nun, dann steht erfahrungsgemäß eine weitere metaphorische Wanderung bevor. Dann beginnt der lange, von Rudi Dutschke einst so getaufte *Marsch durch die Institutionen.*

Rast

 Einkehr, Ruhe, Reise, Holzbank, Muße, Stärke, Erholung, Halt

Wer rastet, der rostet, besagt ein Sprichwort. Klingt gut, widerspricht aber der Lebenserfahrung: Wer wandert, der kann, ja sollte sogar hin und wieder rasten, ohne deswegen gleich Korrosionsbildung an Gelenken und Knochen befürchten zu müssen. Klanglich nicht ganz so suggestiv, aber inhaltlich zutreffender wäre die Aussage: *Wer rastet, der regeneriert.*

Wie wichtig gelegentliche Ruhepausen sind, lässt sich bereits daran ermessen, dass permanente Rast*losigkeit* in Mythologie, Dichtung und Sagenwelt traditionell als Fluch aufgefasst wird. Man denke an den Fliegenden Holländer, der dazu verdammt ist, mit seinem Segelschiff über die Meere zu schweifen, bis er durch die Liebe einer Frau oder den Weltuntergang erlöst wird. Oder an die Figur des Ahasverus, des sogenannten Wandernden Juden, der den christlichen Erlöser auf dem Kreuzweg verspottet haben soll und seitdem pausen- und heimatlos durch die Welt irrt. »Ich wandre sonder Rast und Ruh', / Mein Weg führt keinem Ziele zu; / Fremd bin ich in jedwedem Land, / Und überall doch wohlbekannt«, wie der Romantiker Wilhelm Müller, noch ohne antisemitische Untertöne, reimte. Im 20. Jahrhundert, unter dem nationalsozialistischen Regime, wurde die mittelalterliche Figur zum dämonischen Parasiten umgedeutet: zum *Ewigen Juden,* so der Name eines berüchtigten NS-Propagandafilms aus dem Jahr 1940.

Sowohl der Fliegende Holländer als auch Ahasverus sind nicht bloß zur Rastlosigkeit verdammt – sie sind auch mit der Strafe der Unsterblichkeit geschlagen. Dies stellt eine besondere Qual und Perfidie dar: Der ruhelos Wandernde kann nicht einmal durch das wohl schrecklichste Privileg des Menschen, den Suizid, seine Irrfahrt beenden. Die Engführung von Rast und Tod ist aber auch bezeichnend. Schließlich wurde das ➤ Leben immer wieder als Wanderung begriffen, und der Tod nimmt auf dieser metaphorischen Wegstrecke eine zur Pause analoge Position ein: Der erschöpfte Reisende lässt sich nieder, schließt die Augen, *entschläft* – und kann nicht wissen, welcher ➤ Weg ihn auf der anderen Seite des Traums erwartet. Das altsächsische *rasta* oder *resta*, aus dem sich unser Wort Rast entwickelt hat, bezeichnete entsprechend nicht nur einen Ort zum Ausruhen, sondern auch das Totenlager.

Allerdings gibt es einen gewaltigen Unterschied zwischen *rasta* und Rast, finaler Schnappatmung und Verschnaufpause: Letztere ist meist zeitlich begrenzt, eine Zäsur innerhalb des Lebenswegs und nicht dessen unerbittliches Ende; man kann sie daher, anders als den Tod, bewusst auskosten. »Oh, so will denn auch ich gerne, wenn es sein soll, zu Ende gehen und sterben«, schwärmt Robert Walser in *Der Spaziergang* (1917) über eine besonders süße Ruhepause im Wald: »Ach, dass man den Tod im Tode fühlen und genießen dürfte!« Hat der Schlaf allerdings den Wanderer oder die ➤ Wanderin ganz überwältigt, so ist es meist auch mit dem Genuss vorbei: Anstelle der sinnlich wahrnehmbaren Erholung tritt eine ohnmächtige Versenkung, die keine Beschreibung mehr zulässt. »Wer sich nach der schönen Natur *sehnt*, der wird sie am besten beschreiben, der wird nichts vergessen, keinen Sonnenstrahl«, skizziert die junge Bettina von Arnim dieses Dilemma im Juli 1808 in einem Brief an Goethe: »Wer aber mitten drinnen ist und mit glühendem Gesicht oben ankommt, der schläft wie ich gern auf dem grünen Rasen ein und denkt nicht weiter viel (…).«

Die angenehmste Phase der Rast ist mithin der Schwebezustand zwischen Wachen und Schlafen, wenn der Körper mit dem Wichtigsten versorgt ist (Nahrung, Flüssigkeit, weiche Unterlage) und der Geist kurz davor steht, sich in den Stand-by-Modus zu verabschieden. Die visuelle Wahrnehmung, die sonst beim Wandern vornehmlich in Anspruch genommen wird, verliert an Bedeutung, allenfalls dringt orangerotes Restlicht durch die geschlossenen Lider – dafür ist der Gehörsinn um ein Vielfaches verstärkt. »Ausgestreckt am Hügelabhang, den Wald zu Häupten, den See zu Füßen, so träumst du hier, bis die wachsende Stille dich erschreckt«, schreibt Theodor Fontane in seinen *Wanderungen durch die Mark Brandenburg* (1862–89) über eine Rast in der Ruppiner Schweiz: »Mit angespannten Sinnen lauschest du, ob nicht doch vielleicht ein Laut zu dir herüberklinge, und endlich hörst du die Rätselmusik der Einsamkeit. (…) Ist es Täuschung, oder ist es mehr?«

Dies ist die Erfahrung des intensivierten Hinhörens, wie sie ein Jahrhundert später der amerikanische Avantgarde-Komponist John Cage anstreben sollte. Die Stille, schreibt er in *Silence* (1961), sei »wie ein / leeres Glas / in das / jeden Augenblick / irgendetwas / gegossen werden kann«. Der Wandernde bei der Rast ist ein achtsames, aufnahmebereites Gefäß.

In ihrem Buch *Wanderlust* vertritt Rebecca Solnit die These, dass Gehen die körperliche Tätigkeit sei, die dem absoluten Nichtstun am nächsten kommt. Es sei »ein prekärer Balanceakt zwischen Arbeit und Passivität, Existieren und

Handeln. Eine körperliche Tätigkeit, die nichts produziert außer Gedanken, Erfahrungen und Momenten der Ankunft.« Tatsächlich unterbrechen Wanderungen, Spaziergänge, Pilgerfahrten unsere eingeschliffenen Routinen: Sie stellen bewusste Auszeiten von Arbeit und Alltag dar. Womöglich ist dies der Grund, warum die Rast auf einer Wanderung oft als so unvergleichlich erholsam empfunden wird: Sie ist nicht nur die Unterbrechung einer Tätigkeit, sondern die Unterbrechung einer Unterbrechung. Eine Pause innerhalb einer Pause.

Abb. S. 104–105 Kasimir Malewitsch, *Rast (Gesellschaft mit Zylinderhüten)* (1908); St. Petersburg, Staatliches Russisches Museum

Rucksack

 packen, tragen, schultern, schleppen, durchsuchen

Dass sich Gepäck, wenn man zu Fuß unterwegs ist, am besten auf dem Rücken transportieren lässt, ist schon lange bekannt: Bereits der mit dem Kosenamen Ötzi bezeichnete Gletschermensch, der vor mehr als 5000 Jahren im Similaungebiet zu Tode kam, hatte eine *Kraxe* aus Haselholz bei sich. Und auch die *Kiepe* – je nach Dialekt auch *Kürbe, Hotte, Hutte* oder *Bütte* genannt –, ein geflochtener Korb aus Weidenruten also, mit dem man Waren, Ernteerträge, Heu oder Brennholz befördern kann, ist seit Jahrtausenden gebräuchlich. Der Rucksack, wie wir ihn heute kennen, also eine Tragevorrichtung mit innenliegendem Rahmen und einer flexiblen Hülle aus Leder, Stoff oder Kunstfaser darüber, ist hingegen eine relativ späte Erfindung.

Betrachtet man Zeichnungen aus der Zeit der Romantik, so fällt auf, dass die dargestellten Wanderer meist noch ohne ergonomisch empfohlenes Tragesystem auskommen mussten. Auf der Zeichnung *Caspar David Friedrich auf der Wanderung ins Riesengebirge* (1810) von Georg Friedrich Kersting trägt der Maler bloß eine – mutmaßlich lederne – Mappe im DIN-A3-Format bei sich; sie baumelt an einem Wanderstab über seiner linken Schulter. Und der Wandersmann auf der Skizze *Abschied im Morgengrauen* (1859) von Moritz von Schwind trägt ein Behältnis auf dem Rücken, das mit seiner rechteckigen Form eher an den Tornister eines Soldaten oder einen Schulranzen erinnert als an einen Wanderrucksack. Der Rucksack im engeren Sinn entwickelte sich vermutlich aus dem *Waidsack*, einer Tasche, wie sie von Jägern in den Ostalpen verwendet wurde: Das mundartliche *Ruggsack* ist im Alpenraum seit dem 16. Jahrhundert belegt, ab Mitte des 19. Jahrhunderts findet der Begriff auch ins Schriftdeutsche Eingang. Zur selben Zeit gewinnt der Rucksack unter der neuen Touristenspezies, den Bergsteigern und Wanderern, an Popularität.

Heute ist der Rucksack im urbanen Flachland genauso beheimatet wie im Ötztal oder Himalaya. Als Begleiterscheinung seines Siegeszugs hat er seit den 1960er-Jahren sogar einen eigenen Typus des Reisenden hervorgebracht: den *Rucksacktouristen* oder *Backpacker* – der, wie der Name schon sagt, nicht mit der Überseetruhe verreist wie einst seine Urahnen oder mit dem Koffer wie seine bürgerlichen Eltern, sondern mit vergleichsweise leichtem Gepäck. Da er sich begriffsmäßig über seinen Gepäckbehälter definiert, läuft er freilich Gefahr, bei allfälligem Verlust mit diesem auch seine Identität einzubüßen: »Schönen Rucksack hast du da, gut sieht der aus«, gibt der Dichter Jan Wagner in *Der Wald im Zimmer* (2007) den Monolog eines abgehangenen Weltenbummlers wieder: »Hatte ich auch mal, so einen. (…) Haben sie mir dann schließlich geklaut, den Rucksack. (…) Nie wiedergesehen, einfach weg. Also alles, sag ich dir, da war ja alles drin, was ich hatte. Klamotten sowieso, aber auch Geld und Ausweis, eben alles.« Ohne *Backpack* ist der *Backpacker* nur noch ein *er*: ein anonymer Reisender ohne Wechselwäsche und nachweisbaren Namen; und natürlich ohne Tragesystem.

Abgesehen von seinen identitätsstiftenden Eigenschaften und unbestreitbaren praktischen Qualitäten stellt der Wanderrucksack den Inbegriff der Genügsamkeit dar. Aufgrund seines begrenzten Fassungsvermögens, und da er über längere Zeit auf dem Rücken geschleppt werden muss, zwingt er den Wandernden zur Auswahl, zur Beschränkung aufs Wesentliche. »Hier beginnt erst recht das Wanderleben, das ich liebe, das ziellose Schweifen, die sonnigen Rasten, das befreite Vagabundentum«, notierte Hermann Hesse in der Skizzensammlung *Wanderung* (1920): »Ich neige sehr dazu, aus dem Rucksack zu leben (…).« Wer wandert, kann nur das Allernötigste einpacken; er muss sich, zumindest vorübergehend, von einem Großteil seiner Besitztümer befreien. *Simplify, simplify, simplify*, forderte schon Henry David Thoreau: Vereinfache, vereinfältige, erleichtere dich.

Dies ist ein Gedanke, der gerade in westlichen Überflussgesellschaften zunehmend attraktiv erscheinen muss: Wer viel besitzt, schleppt naturgemäß auch viel unnütze Bürde mit sich herum, und das Verhältnis zwischen dem, was man hat, und dem, was man im Ernstfall mitnehmen könnte, wird immer größer. »Was wirklich nötig ist, über die Schulter werfen und den Rest fort, den ganzen tröstlichen Ballast«, jubelt der Journalist Wolfgang Büscher zu Beginn seiner Wanderung von Berlin nach Moskau – muss aber schnell feststellen, dass er immer noch viel zu viel dabeihat und sich ausrüstungsmäßig weiter verschlanken muss. »Am andern Morgen machte ich Inventur und packte so lange aus, bis mein schöner neuer Rucksack schlaff herabhing. Ich ließ ihn da, borgte mir einen schäbigen alten, halb so großen, und tat hinein: ein Hemd, eine Hose, ein Paar Socken (…). Das Wichtigste war ohnehin an den Füßen: die → Stiefel. Dieser Rucksack saß ganz anders. Mit ihm konnte es gehen.«

So gelassen, ja gleichgültig gegenüber den ästhetischen Qualitäten ihres Rucksacks sind beileibe nicht alle Wandernden. Die französische Schriftstellerin George Sand etwa spottete über die englischen Touristinnen, denen sie auf ihren Reisen begegnete, ihr wahrer Lebenszweck bestehe darin, »die höchsten und stürmischsten Gegenden zu durchreisen, ohne dass ein Haar auf ihrem Haupte aus seiner Lage gerissen wird. (…) Nicht ihre Person, ihre Garderobe reist und der Mensch ist nur die Gelegenheit für den Mantelsack (…).« Umgekehrt muss sich der Erzähler in Robert Walsers Kurzgeschichtensammlung *Wanderung* (1917) auf seiner ersten längeren Fußreise verspotten lassen, weil sein Wanderpäckchen offenbar nicht den Männlichkeitsstandards seiner Mitwelt genügte. »Meine Ausrüstung bestand in einem hellen, billigen Kleid am Leib, dunkelblauen Hut auf dem Kopf und Wanderpaket in der Hand. (…) Von einigen kecken Burschen, denen ich auf der Straße begegnete, rief mir einer spöttisch nach: ›Wo will der lange Mensch mit seinem kleinen Ranzen hin?‹ Er spielte auf mein armseliges, törichtes Wanderpäckchen an, das dem Träger und Eigentümer selber ein wenig lächerlich vorkam.« Ein früher Fall von *rucksack shaming*.

Auch die Philosophin Simone de Beauvoir wurde, als sie Anfang der 1930er-Jahre in Marseille lebte, wegen ihrer vermeintlich mangelhaften Wanderutensilien scheel angesehen. »Ich habe mir nie die klassische Ausrüstung angeschafft: Rucksack, Nagelschuhe, Lodenrock und -umhang«, so die besessene → Wanderin, die jedes freie Wochenende nutzte, um die Berge im Umland der Hafenmetropole zu erkunden: »Ich zog ein altes Kleid an, Segeltuchschuhe und nahm in einer Strohtasche ein paar Bananen und Brioches mit. Mehr als einmal lächelten meine Kollegen verächtlich, wenn wir uns auf einem Gipfel begegneten.« Beauvoir revanchierte sich auf die sportliche Art, indem sie mit ihrer vermeintlich unzureichenden Ausrüstung Touren bestritt, von denen ihre berucksackten Kollegen nur träumen konnten: An guten Tagen ging sie mehr als vierzig Kilometer.

Ausrüstungsgegenstand, Identitätsmerkmal, Emblem der Genügsamkeit, Mode-Accessoire: Nicht zuletzt kann der Rucksack auch bildhaft für eine Last stehen, die man als Mensch durchs Leben trägt; eine Bürde, sprichwörtlich geworden in der onkelhaften Wendung *So hat jeder sein Päckchen zu tragen*. In dem preisgekrönten Video zu ihrem Song *Wanderlust* aus dem Jahr 2008 sieht man die isländische Sängerin Björk auf dem Rücken eines Yaks einen reißenden Gebirgsstrom hinunterjagen: Er entspringt einer blubbernden Uterusquelle und endet abrupt in einem unergründlichen Wasserfall; unverkennbar der Verlauf des → Lebens. Zu Beginn ihrer Reise trägt Björk, wie es sich für eine Wanderlustige gehört, einen Rucksack. Doch schon bald schälen sich aus dessen Seiten zwei Arme und Beine, ein farblos-wächserner Kopf, der ihrem eigenen ähnelt, schließlich ein ganzer Mensch. Ein Dämon, ihr böses Alter Ego: Es versucht, die Sängerin vom rechten Weg abzubringen, hält ihr die Augen zu, zwingt sie zu Flickflacks – gegen die Bewegung des Stroms.

Die Wanderlust, so legt das Video nahe, mag uns unablässig vorantreiben – aber es gibt eine Last, die diese Bewegung erschwert, einen Ausrüstungsgegenstand, den wir niemals von unserer Packliste streichen können, so sehr wir auch um Simplifizierung bemüht sind, und das sind wir selbst. Das Gewicht eines gut gepackten Trekkingrucksacks, heißt es oft, sollte 20 bis 25 Prozent des Körpergewichts nicht überschreiten. Auf den Treck des Lebens bezogen, lautet die ernüchternde Formel allerdings: Die Last ist weitaus schwerer. Sie wiegt genau so viel wie der Mensch, der sie trägt.

Schreiben

 Brief, Geschichte, Tagebuch, Gedicht

Dass das Gehen zu Fuß dem Erdenken, Erzählen und Auf-schreiben von Geschichten zuträglich ist, davon zeugt schon die beachtliche Fülle an Wanderliteratur. In der Tat haben die so unterschiedlichen Tätigkeiten des Gehens und Schrei-bens strukturelle Ähnlichkeiten, welche die Übersetzung von Wandererfahrung in Textstrecke begünstigen: Beides sind Verrichtungen, die sich erst in der Zeit entfalten. Ein Buch-stabe macht noch keine Geschichte, ein Schritt noch keine Strecke. Erst die diachrone Abfolge von Wörtern ergibt einen Text; erst die Aneinanderreihung von Schritten fügt sich zu einem Weg zusammen.

Die Funktionen der Texte, die das Wandern zum Thema haben, sind dabei so vielfältig wie die Routen, die sie be-schreiben. Wanderführer und -karten dienen, um die klas-sischen Horaz'schen Kategorien zu bemühen, vor allem dem Nutzen der Leserinnen und Leser *(prodesse)*, während literarische Wanderbücher und -lieder ihre Rezipienten pri-mär erfreuen wollen *(delectare)*. Im Idealfall vermögen sie freilich beides zugleich: Auch ein Reiseroman kann zu einer konkreten Routenwahl inspirieren; auch die Lektüre einer topografisch-thematischen → Karte kann, neben dem offen-sichtlichen praktischen Nutzen, ein zweckfreies ästhetisches Vergnügen sein.

Der britische Autor und Bergsteiger Leslie Stephen vertrat in seinem Essay *In Praise of Walking* (1901) die Auffassung, jede Wanderung sei vom Aufbau her wie ein kleines Theaterstück,

»mit einem ganz bestimmten Plot, mit Handlungsepisoden und Katastrophen, genau wie Aristoteles es verlangt«. Ob das wirklich auf jeden Gang in der freien Natur zutrifft oder Mr. Stephen sich ein wenig in seine Idee *verrannt* hat (➤ Denken), sei dahingestellt – fest steht, dass Wandertexte neben dem *prodesse* und *delectare* auch der Ventilierung negativer Emotionen und Erfahrungen, also mit Aristoteles gesprochen der *Katharsis* dienen können. »Es war nunmehr durch dieses Geständnis die Schleuse der Erzählung aufgezogen«, beschreibt Goethe ein abendliches Gespräch mit Schweizer Bergführern in einem Brief an Charlotte von Stein im November 1779, »und nun brachte einer nach dem andern Geschichten von beschwerlichen oder verunglückten Bergwanderungen hervor, worin die Leute hier gleichsam wie in einem Elemente leben, sodass sie mit der größten Gelassenheit Unglücksfälle erzählen, denen sie täglich selbst unterworfen sind.« Die Beschreibung überstandener Katastrophen hat hier offenbar vor allem kompensatorische Funktion. Womöglich rührt die Gelassenheit der Bündner Bergbauern daher, dass sie von ihren vergangenen Abenteuern erzählen können; vielleicht befreit ihr dramatischer Bericht auch die mitleidenden Zuhörer von ihren Ängsten.

Nicht zuletzt dient Gehen aber auch der poetischen Inspiration (➤ Denken). »›Spazieren‹, gab ich zur Antwort, ›muss ich unbedingt, um mich zu beleben und um die Verbindung mit der lebendigen Welt aufrechtzuerhalten, ohne deren Empfinden ich keinen halben Buchstaben mehr schreiben und nicht das leiseste Gedicht in Vers oder Prosa mehr hervorbringen könnte. (…) Auf einem schönen und weitschweifigen Spaziergang fallen mir tausend brauchbare nützliche Gedanken ein. Zu Hause eingeschlossen, würde ich elendiglich verkommen und verdorren (…)‹«, schreibt Robert Walser in *Der Spaziergang* (1917). Das Gehen erscheint hier als *conditio sine qua non* für jegliche Autorentätigkeit: Nicht der Aufenthalt im Schreibzimmer oder in der häuslichen Bibliothek, nein, körperliche Bewegung und das Studium des Buchs der Natur ermöglichen die schriftstellerische Arbeit. Wer schreiben will, muss wandern lernen.

Womöglich ist es gerade die Abwesenheit von Sekundärliteratur und literarischen Einflüssen, die den wandernden Dichter auszeichnet: »Der Autor, der im Gehen schreibt«, so der Philosoph Frédéric Gros in *Unterwegs* (2008), sei »frei von Fesseln, sein Denken ist nicht Sklave anderer Bücher (…).« Stattdessen tragen die Werke, die er unterwegs verfasst, die Signatur ihrer Entstehung in sich. Wenn Gehen und Schreiben strukturell miteinander verwandt sind, so ist es nur folgerichtig, dass eine bestimmte Art des Gehens auch eine bestimmte Art von Texten hervorbringt. Dem Spaziergang sowie der Flânerie durch die Großstadt entspricht am ehesten der literarische Essay. Der Expedition mit Kompass und Karte, die sich planvoll auf ein bestimmtes Ziel zubewegt, ähnelt das strukturiert vorgehende Sachbuch. Und der vielmonatigen oder gar -jährigen Fernwanderung gleicht am ehesten der Roman – speziell der Abenteuer- oder der Entwicklungsroman, der den Lebensweg vom jungen Menschen bis zum Erwachsenen nachzeichnet.

Allerdings stellt sich jedem wandernden Autor ein elementares Problem in den Weg: Wie kann man gleichzeitig gehen und darüber schreiben? Wer schon einmal während einer Wanderung Tagebuch geführt hat, wird bestätigen können, dass diese beiden Tätigkeiten, so eng sie strukturell auch miteinander verwandt sein mögen, rein pragmatisch betrachtet inkompatibel sind. Der schottische Philosoph David Hume soll stets einen speziell angefertigten Spazierstock bei sich geführt haben, in dessen Knauf ein Tintenfass angebracht war, um während des Gehens vorbeieilende Gedanken jederzeit dingfest machen zu können. Heutzutage bietet sich die Verwendung eines digitalen Aufnahmegeräts mit Diktierfunktion an, dem man ohne Stehenbleiben seine Einfälle mündlich anvertrauen und sie von ihm transkribieren lassen kann – in der Hoffnung, dass das Gerät sie auch in den beabsichtigten Text übersetzt.

Eine letzte, eher experimentelle Möglichkeit besteht darin, den Text mit seinem Körper, seinen Schritten, seiner Wegwahl auf der Erde zu hinterlassen. »Ich schreib nicht mit der Hand allein: / Der Fuss will stets mit Schreiber sein. / Fest, frei und tapfer läuft er mir / Bald durch das Feld, bald durchs Papier«, dichtete Friedrich Nietzsche in *Die Fröhliche Wissenschaft* (1882/87). Und der britische Land-Art-Künstler Richard Long stapfte bei seinen Wanderperformances bevorzugt riesige Linien, Kreuze und Kreise in die Landschaft: die Buchstaben I, X und O. Heute, im Zeitalter von Fitness-Armbändern und Smartphones mit GPS-Funktion, die jede unserer Bewegungen aufzeichnen, gilt: Wann immer wir uns fortbewegen, hinterlassen wir eine digitale Spur – eine kontinuierliche Linie, die von oben, aus der Vogelperspektive betrachtet, frappierende Ähnlichkeiten mit einem Schriftzug hat. Wer schreitet, der schreibt. Bloß: Was diese Hieroglyphen genau bedeuten sollen – das weiß der Himmel.

Spazieren

 seelenruhig, gemächlich, gemeinsam, plaudernd, unbekümmert, rauchend, nackt, händchenhaltend, barfuß

Das Verb *spacieren* wanderte im 13. Jahrhundert über die
Alpen in den mittelhochdeutschen Sprachraum. Es leitet
sich vom italienischen *spaziare*, »sich ergehen«, her, dessen
Ausgangsbasis wiederum das lateinische Substantiv *spati-
um*, »Raum, Weite, Strecke« darstellt. Dem ursprünglichen
Wortsinn nach meint *spazieren* also eine Form der Raumer-
kundung und -aneignung; der damit bezeichneten Tätigkeit
wohnt daher auch eine gesellschaftliche Komponente inne.
Während eine Wanderung in die Einsamkeit der Natur führt,
bewegt sich der Spazierende in städtischen Grünanlagen
oder an den Rändern der urbanen Räume. Er ist weniger
auf Introspektion denn auf soziale Kontakte aus, er sieht
andere, wird von ihnen gesehen und verhält und kleidet sich
entsprechend.
Im Mittelalter war das öffentliche Spazieren noch auf karne-
valeske Zwischenzeiten, also die zyklisch wiederkehrenden
Feiertage des Kirchenjahrs beschränkt. Der Osterspazier-
gang, den Goethe im ersten Teil des *Faust* beschreibt, hat
denn auch wenig mit dem beschaulich-kontemplativen
Schlendern gemein, das wir heute mit dem Begriff spazieren
assoziieren, sondern gleicht eher einem Volksfest, auf dem
die Benimmregeln des Alltags außer Kraft gesetzt sind. »Mit
Euch, Herr Doktor, zu spazieren / Ist ehrenvoll und ist Gewinn; / Doch würd ich nicht allein mich herverlieren, / Weil
ich ein Feind von allem Rohen bin«, klagt Fausts brave wis-
senschaftliche Hilfskraft, sein Famulus Wagner, beim Anblick

der versoffenen, flirtenden Massen. »Das Fiedeln, Schreien, Kegelschieben / Ist mir ein gar verhasster Klang; / Sie toben, wie vom Bösen Geist getrieben, / Und nennens Freude, nennens Gesang.« Der bis heute praktizierte Vatertagsausflug zu Christi Himmelfahrt mit Bollerwagen und Bier ist ein Rudiment dieses vormodernen Spaziergangsverhaltens.

Erst im Lauf des 18. Jahrhunderts entstand das regelmäßige, öffentliche Spazierengehen als bürgerliche Kulturtechnik. Politisch symbolisierte das Gehen zu Fuß eine Emanzipation von der bevorzugten Fortbewegungsweise des Adels, der Fahrt in der Kutsche (→ Freiheit). Architekturhistorisch begünstigt wurde es durch eine Veränderung des urbanen Raums: Metropolen wie Paris oder London wuchsen über ihre mittelalterlichen Stadtgrenzen hinaus; die im Zuge des Zivilisationsprozesses überflüssig gewordenen Verteidigungswälle wurden geschleift und in Grünanlagen umgewandelt; aus einstigen *Bollwerken* wurden *Boulevards*. Es entstand ein »Ensemble an öffentlichen Orten im Kultur- und Naturraum«, so die Kulturanthropologin Gudrun M. König, »das die Bühne für die bürgerliche Selbstdarstellung und Erholung, für das gesellige Vergnügen und den romantischen Naturgenuss abgab.«

Im 19. Jahrhundert büßte der Spaziergang allmählich seine gesellschaftskritische Dimension ein und wurde zum Sinnbild des biedermeierlichen Familienidylls – und schließlich zum apolitischen Zeitvertreib für alle sozialen Schichten. Der englische Ausdruck, dies oder jenes sei *a walk in the park*, steht entsprechend für eine Tätigkeit, die so einfach ist, dass wirklich jeder und jede sie bewältigen kann. Umgekehrt meint die deutsche Trope, eine zu bewältigende Aufgabe werde *kein Spaziergang*, dass es sich um eine besonders schwierige

Herausforderung handelt. Das Spazierengehen steht mithin auf einer metaphorischen Stufe mit dem *Zuckerschlecken*, dem *Picknick* und dem *Ponyhof*. Es ist eine friedliche Freizeitbeschäftigung, süß und angenehm, allenfalls ein bisschen harmlos.

Vermutlich ist es gerade diese Niedrigschwelligkeit, die den Schweizer Soziologen Lucius Burckhardt dazu inspirierte, das Spazieren in den Rang einer akademischen Disziplin zu erheben. 1976 führte er – als Professor im Fachbereich Architektur, Stadt- und Landschaftsplanung an der Gesamthochschule Kassel – zusammen mit Studierenden den sogenannten Urspaziergang durch, der als Gründungsmoment der *Promenadologie* gelten darf. »Die Spaziergangswissenschaft«, definierte Burckhardt, »will die menschenfeindliche Planung, das Brutale der gegenwärtigen Lebensform aufzeigen.« In einer seiner promenadologischen Aktionen mussten die Studierenden mithilfe eines tragbaren Zebrastreifenteppichs eine sechsspurige Straße überqueren. In einer anderen spazierten sie auf einer vielbefahrenen Straße durch Kassel und trugen dabei Windschutzscheiben vor sich her, um die Perspektive der Fahrzeughalter mit jener der Fußgänger kreativ kollidieren zu lassen. Wie zu Beginn des bürgerlichen Zeitalters ging es also um eine Neuverhandlung des öffentlichen Raums, diesmal unter den Vorzeichen der automobilgerecht umgebauten westeuropäischen Nachkriegsstadt.

Während den promenadologischen Aktionen von Burckhardt ironische Leichtigkeit anhaftet, hat der Spaziergangsbegriff in den vergangenen Jahren eine Umdeutung erfahren, die ihm eine historisch nicht gekannte Militanz verleiht. So werden die Veranstaltungen, die seit 2014 allmontäglich in Dresden und anderswo stattfinden, um

Henri Rousseau, *Waldspaziergang (La Promenade dans la fôret)*
(um 1886); Zürich, Kunsthaus

gegen die vermeintliche »Islamisierung des Abendlands« zu protestieren, von den Verantwortlichen euphemistisch als *Abendspaziergang* bezeichnet – obwohl es für Menschenmassen, die fahnenschwenkend durch die Innenstadt laufen und Parolen skandieren, doch weitaus passendere Begriffe gibt: *Demonstration, Aufmarsch* oder *Zug.* Offensichtlich handelt es sich um ein eher plumpes rhetorisches Manöver, das diesen Zusammenkünften den sprachlichen Nimbus der Bieder- und Bürgerlichkeit verleihen soll. Diente das frühbürgerliche Spazieren wie auch die Burckhardt'sche Promenadologie einer friedlichen Erweiterung des sozialen Raums, geht es bei diesen »Spaziergängen« um dessen Abschottung und Einengung. Etymologisch fragwürdig – und ein kulturgeschichtlicher Rückschritt.

Stab

 brechen, weiterreichen, schwingen, stützen, stecken, greifen

Der Begriff *Stab*, ebenso wie die synonym gebrauchten Ausdrücke *Stock* und *Stecken*, meint ursprünglich ein »in die Länge ausgedehntes Stück Holz von geringer, in der Regel gleichmäßiger Dicke und meistens von rundem Querschnitt«, wie die Brüder Grimm im *Deutschen Wörterbuch* definieren: Der damit bezeichnete Gegenstand, so weiter, sei daher »das ständige, notwendige Gerät dessen, der einen weiteren Gang, eine Wanderung unternimmt«.

Wie verbreitet diese Einsicht bereits in der Antike war, zeigt eine Anweisung aus dem Alten Testament: »Um eure Lenden sollt ihr gegürtet sein und eure Schuhe an euren Füßen haben und den Stab in der Hand«, heißt es im Buch Exodus (2 Mose 12,11) – nach Kleidung und Schuhwerk stellte der Wanderstab offenbar schon damals das wichtigste Accessoire aller Heimatlosen und Zu-Fuß-Reisenden dar. Daran hat sich auch zweieinhalb Jahrtausende später nichts geändert: »If I ever left my house without my walking stick / It would just be something I could never explain«, beteuert der Sänger in Irving Berlins swingender Ode an seinen Spazierstock, *My Walking Stick* (1938). Für ausgedehntes Gehen ohne hölzerne Unterstützung gibt es keine hinreichende Erklärung.

Beim Gehen dient der Stab der Überprüfung des Untergrunds, der Entlastung der Gelenke, dem Balancehalten vor allem bei schwerem Gepäck sowie nicht zuletzt dazu, bei allfälligen Pausen Arme und Oberkörper abstützen zu können (→ Aufrecht). Wie in den bekannten Hirtendarstellungen:

121

Der Schäfer wacht über seine Herde, das bärtige Kinn auf die Hände gelegt, die Hände auf dem knorrigen Knauf seines Stocks. Auch der *Gute Hirte* des Juden- und Christentums verfügt selbstredend über eine solche Geh- und Stehhilfe – oder womöglich sogar über zwei, wie der wohl berühmteste Psalm des Alten Testaments, der sogenannte *Hirtenpsalm* besingt: »Und ob ich schon wanderte im finstern Tal, fürchte ich kein Unglück; denn du bist bei mir, dein Stecken und Stab trösten mich.« Der Stock beziehungsweise »Stecken und Stab«: Das ist hier die Gewissheit, dass eine höhere Gewalt über den Menschen wacht, ihn auf seinem Lebensweg (unter)stützt und leitet und ihn gegebenenfalls gegen wilde Tiere und andere Widerfahrnisse verteidigt.

Da er ikonografisch mit dem Hirten (und später mit der Figur des Pilgers sowie des Bischofs als Seelenschäfer) assoziiert wird, gilt der Stab meist als Zeichen der Friedfertigkeit. »Da legt' ich Schwert und Harnisch ab, / Nahm Pilgerkleid und Wanderstab«, lässt August Friedrich Langbein in seiner Ballade *Richard Löwenherz und Blondel* (1788) den englischen König Richard I. über seine Verwandlung vom Kreuzfahrer zum zeitweiligen Zivilisten sagen. Der mittelalterliche Ritter verfügte über Rüstzeug und Waffen aus Metall, der Pilger über nichts als eine Kutte und einen Stab.

Trotzdem kann natürlich auch ein Wanderstab als rudimentäre Schlagwaffe gebraucht werden – wie umgekehrt eine Waffe als Stock dienen kann, wenn sie gerade nicht gegen einen Gegner geworfen oder geführt wird. »Als Nahwaffe gebrauchte er die Keule, und selbst diese öfters nur als Wanderstab«, weiß Johann Wolfgang von Goethe über den mythischen Herakles zu berichten: Angeblich war der Halbgott so stark, dass er seine Feinde mit bloßen Händen bezwingen

Iwan Kramskoi, *Bildnis des Malers Iwan Schischkin* (1873);
Moskau, Staatliche Tretjakow-Galerie

und sich den Luxus leisten konnte, sein klobiges Schlag-
werkzeug zur Gehhilfe zu degradieren. Ähnlich tritt uns in
Richard Wagners monumentaler Tondichtung *Der Ring des*
Nibelungen der germanische Obergott Wotan entgegen: Im
dritten Teil der Tetralogie, der Oper *Siegfried* (1876), wird er
meist nicht bei seinem Klarnamen, sondern nur »der Wanderer« genannt. »Der Wanderer Wotan tritt aus dem Wald
an das hintere Tor der Höhle heran«, heißt es in Wagners
Bühnenanweisungen. »Er trägt einen dunkelblauen, langen
Mantel; einen Speer führt er als Stab.«

Das Besondere an Wotans Speer-Stab: Er hat nicht bloß einen
Schaft, an dem man sich festhalten, und eine Spitze, mit der
man töten kann; in ihn sind auch sämtliche Verträge einge-
ritzt, die der Göttervater je geschlossen (und teilweise wieder
gebrochen) hat. »Heil'ger Verträge Treuerunen / schnitt in
den Schaft er ein«, wie Wotan über sich selbst singt (wie Julius
Caesar spricht er von sich bevorzugt in der dritten Person).
»Den Haft der Welt hält in der Hand, / wer den Speer führt, /
den Wotans Faust umspannt.« Anders gesagt: Der Speer ist
nichts weniger als ein göttliches Gesetzbuch aus Eschenholz.
Er ist nicht nur ein Instrument der körperlichen, sondern
auch der metaphysischen Macht.

Für solche Machtdemonstrationen sind die modernen Wan-
derstöcke aus Leichtmetall und Kunststoff, die mittlerweile
die Hirtenstäbe, Keulen und Speere aus der Wanderland-
schaft verdrängt haben, denkbar ungeeignet – wenn man
von dem schießenden Skistock einmal absieht, mit dem
James Bond 007 in der Eröffnungssequenz von *Der Spion,*
der mich liebte (1977) einen befeindeten Geheimagenten
erledigt. Der Vorteil solcher Teleskopstöcke, neben dem ge-
ringen Gewicht, besteht in ihrer Handlichkeit: Man kann sie

zusammenschieben, am Rucksack befestigen und hat dann die oberen Extremitäten frei, um andere Dinge zu tun – zum Beispiel zu fotografieren oder Wandertagebuch zu führen (→ Schreiben).

Dass der Wagner'sche Wotan als Schriftträger für die Gesetzesrunen seinen Stock verwendet, ist übrigens nur konsequent: Schließlich ist der Wanderstab etymologisch eng mit der Schrift verwandt; nicht von ungefähr heißen die Zeichen, auf denen wir uns beim → Lesen symbolisch abstützen, *Buch-Staben*. Ein altes Sprichwort besagt denn auch, dass man sich beim Unterwegssein nicht an hölzernen (oder gar metallenen) Stecken, sondern lieber an erbaulichen Schriften festhalten sollte: *Der beste Wanderstab ist der Buchstab.*

Stiefel

 bequem, blitzblank, lehmverkrustet, robust, geschnürt, genagelt, abgewetzt

In der Hierarchie der Ausrüstungsgegenstände stehen die Stiefel ganz oben: Man kann ohne → Stab wandern, ohne → Rucksack, sogar ohne Kleidung – aber nur schwerlich ohne vernünftiges Schuhwerk. Zum einen dienen sie dazu, die empfindlichen und motorisch hochkomplexen Füße des Menschen vor Schwielen, Kälte, Verletzungen sowie den Stichen und Bissen von Tieren zu schützen. Darüber hinaus, und das unterscheidet die Stiefel vom *Schuh*, soll ihr hoher, rigider Schaft den Träger oder die Trägerin vor einem Umknicken des Knöchels bewahren – einer Gefahr, die sich nicht zuletzt daraus ergibt, dass der Mensch im Gegensatz zu anderen Tierarten auf zwei Extremitäten läuft. Insofern kompensieren Stiefel die vergleichsweise unsichere Körperhaltung des Menschen. Sie sind ein Tribut an sein ontologisches Alleinstellungsmerkmal, den aufrechten Gang.

Das Wissen um die Wichtigkeit der angemessenen Fußbekleidung drückt sich bis heute in der Umgangssprache aus: Die Formulierung *Ich bin gestiefelt und gespornt* meint ganz generell, dass man abreisebereit ist – entweder tatsächlich zu Pferde (wofür man die Sporen brauchte) oder aber, und dies ist in aller Regel gemeint, *auf Schusters Rappen*, also zu Fuß. Die Wendung *Wo drückt der Schuh?* meint entsprechend jedwede physische oder psychische Beschwerde: Wenn die Füße wehtun, ist der ganze Körper in seinem Wohlbefinden beeinträchtigt. »Himmlisch schön und gut und uralt einfach ist es ja, zu Fuß zu gehen«, schreibt Robert Walser in *Der*

Spaziergang (1917). »Anzunehmen ist, dass das Schuhwerk und Stiefelzeug in Ordnung ist.«

Wann aber ist es in Ordnung? Vor allem dann, wenn es passend und bequem ist, wie jeder Wandernde bestätigen wird. Hierzu muss das Schuhwerk natürlich erst einmal *eingelaufen* werden; ein – zumal im Fall handwerklich gefertigter Lederstiefel – langwieriger Prozess, der wohl von keinem Autor so schmerzhaft eindrücklich beschrieben wurde wie von Werner Herzog in seinem Wanderbericht *Vom Gehen im Eis*. Im November 1974 machte sich der Filmemacher auf, um von München nach Paris zu laufen, ohne genaue Route, ohne Kartenmaterial – vor allem aber ohne ordnungsgemäß eingelaufene Schuhe. »Meine Stiefel waren so fest und neu, dass ich Vertrauen in sie hatte«, notiert er optimistisch am ersten Tag. »Anfängliches Problem mit den Stiefeln, sie dürfen nicht drücken, sie sind noch zu neu«, erkennt er am zweiten Tag. Am fünften Tag, nachdem er sich Blasen und wunde Hacken gelaufen hat, schreibt er: »Morgens gleich Heftpflaster und Franzbranntwein für die Füße gekauft.« Ein paar Tage später: »Warum ist das Gehen so leidvoll?« Nach elf Tagen auf der Via Dolorosa muss Herzog sich schließlich mit primitivsten mechanischen Mitteln behelfen, um überhaupt weiterlaufen zu können: »Die Achillessehne rechts sieht nicht mehr so kritisch aus, seit ich die Knickstelle des Stiefels hinten mit allem Schaumstoff, den ich habe, auspolstere und den Schaft ganz vorsichtig schnüre.«

Dass Herzog seine Schuhe überhaupt weiter trägt und nicht ans nächste Marterl nagelt, ist der Not geschuldet: Er trägt – wie wohl die meisten Wandernden – nur ein Paar bei sich; jedes andere, das er unterwegs ersatzweise kaufen könnte, wäre ebenfalls neu. Hinzu kommt, dass durch die gemeinsame

Schmerzerfahrung eine besondere Beziehung zwischen dem Wanderer und seinen Stiefeln gestiftet wird: Leiden verbindet. Indem man gemeinsam *durch dick und dünn geht*, entwickelt sich zwischen Mensch und Material eine innige, geradezu körperliche Bindung.

Tatsächlich sind Stiefel der wohl einzige Ausrüstungsgegenstand, der im Laufe der Jahre die Körperform seines Trägers annimmt: Der Schuh passt sich dem Fuß an, wird zum Teil des Körpers, einer zweiten, ledernen Haut – weniger ein Kleidungsstück denn eine Prothese. Die alte Pfadfindermethode, vor dem ersten Tragen in die Stiefel hineinzupinkeln und sie dann trockenzulaufen, hat vor diesem Hintergrund weniger praktische Gründe (man könnte ja auch lauwarmes Wasser nehmen), sondern ist eher als Geste der körperlichen Inbesitznahme zu verstehen: »Das Eigene wird erlangt und bewahrt durch das Schmutzige«, schreibt der Philosoph Michel Serres in *Das eigentliche Übel* (2009). Man kann seine Stiefel – anders als Rucksack, Stab oder Regenschutz – nicht einfach einem anderen Wandernden überlassen: Sie haben sich osmotisch ihrem Besitzer angepasst, sind ihm durch Schweiß, Eiter, Blut und Urin verbunden.

Eine Ausnahme stellen die sprichwörtlich gewordenen *Siebenmeilenstiefel* dar, die der kleine Däumling im gleichnamigen Märchen von Charles Perrault (sowie in zahllosen anderen Fassungen der Geschichte, zum Beispiel von Ludwig Bechstein oder den Brüdern Grimm) dem riesigen, menschenfressenden Oger klaut. Trotz des unbestreitbaren Größenunterschieds passen sie ihm wundersamerweise wie angegossen. Mithilfe des gestohlenen Schuhwerks spurtet Däumling, während der Riese noch schläft, schnurstracks zu dessen Frau und schwatzt ihr all ihre Reichtümer ab – unter dem Vorwand, ihr Mann sei gefangen worden und müsse nun durch Lösegeld freigekauft werden. Hernach verdingt er sich als Expressbote des Königs und gelangt auf diese Weise zu weiterem Wohlstand, bevor er zu guter Letzt als immer noch winzig kleiner, aber gemachter Mann zu seinen Eltern zurückkehrt.

Der Däumling brilliert also durch nicht gekannte – und so im 17. Jahrhundert nur im Märchen darstellbare – Geschwindigkeit. Zunächst fungieren die Siebenmeilenstiefel als eine Art Fluchtfahrzeug, als Automobil *avant la lettre*. Danach machen sie den Däumling zum fliegenden Boten, zur gestiefelten E-Mail, einer Vorform der digitalen Kurzbotschaft. Sowohl die Steigerung des Reisetempos als auch die Zunahme der Kommunikationsgeschwindigkeit durch neue Nachrichtenformen sind hier vorweggenommen (→ Entschleunigung). An der Schwelle zur Moderne wirft die Beschleunigungsgesellschaft ihre Schatten voraus – als dämonisches Schreckgespenst (Oger), aber auch als Verheißung (Däumling). Es hängt eben alles davon ab, dass sich die Stiefel an den richtigen Füßen befinden.

Verlaufen

 Strecke, Route, Weg, Leben, Umleitung

»ver«- ist eine der häufigsten Präpositionen der deutschen Sprache. Ist sie einem Verb vorangestellt, bedeutet dies oft, dass das handelnde Subjekt etwas falsch macht: Wer sich *ver-geht*, verstößt gegen die moralische oder juristische Ordnung. Wer sich *ver-rennt*, begibt sich vorschnell auf einen argumentativen oder lebensweltlichen Pfad. Und wer sich *ver-laufen* hat, der hat die → Orientierung verloren. Interessanterweise kann man sich nicht *ver-wandern*, *ver-spazieren* oder *ver-flanieren*: Um vom rechten Weg abzukommen, ist offenbar mehr nötig als gemächliches Schritttempo.

Dass Menschen sich überhaupt verlaufen, ist ein relativ neues Phänomen. Natürlich sind auch schon früher Reisende vom rechten Weg abgekommen; der Gründungstext der abendländischen Literaturgeschichte, die *Odyssee*, handelt bekanntlich von einer zehnjährigen Irrfahrt: »Sage mir, Muse, die Taten des vielgewanderten Mannes«, beginnt das Epos in der Übertragung von Johann Heinrich Voß. Allerdings ist Odysseus kein Wanderer im eigentlichen Sinn, sondern ein Seefahrer: Dass sich sein Heimweg aus Troja so lange hinzieht, ist widrigen Winden, Strömungen und Seemonstern geschuldet, dem göttlich verfügten Schicksal. Um sich wahrhaft zu *verlaufen*, muss man selbstbestimmt und zu Fuß unterwegs sein. Wer wandernd in die Irre geht, der ist kein Opfer göttlicher Willkür, sondern selbst daran schuld. Anders gesagt: Sich verlaufen zu können, ist Privileg und Risiko des autonomen, modernen Subjekts.

Hinzu kommt, dass das Konzept des Sich-Verlaufens ein Maß an Planung, Zielstrebigkeit und Termingebundenheit voraussetzt, wie es früheren Generationen eher fremd gewesen sein dürfte. Von dem amerikanischen Pionier Daniel Boone, der im 17. Jahrhundert die sogenannte *Wilderness Road* von Virginia über die Appalachen Richtung Westen erschloss, ist die Aussage überliefert, er habe sich in seinem gesamten Leben niemals verlaufen – »aber einmal war ich drei Tage lang etwas desorientiert«. Wer Irr- und Umwege als normalen Bestandteil des Wanderns akzeptiert, für den stellt eine Wegsuche von mehreren Tagen kein Problem dar; heute würde man vermutlich schon nach Sekundenbruchteilen der Unsicherheit zu ➤ Karte oder Smartphone greifen. Paradox zugespitzt: Je präziser die Instrumente zur räumlichen und zeitlichen Orientierung, desto größer ist auch das Risiko, sich zu verlaufen.

Der klassische Topos, um den Weg zu verlieren, ist der Wald. Besonders der deutsche Wald. Ganz besonders der Märchenwald der deutschen Romantik. Hier begegnet der Däumling dem menschenfressenden Oger (➤ Stiefel), hier trifft Rotkäppchen auf den bösen Wolf, hier gehen Hänsel und Gretel erst in die Irre und dann der Hexe ins Haus. »Hänsel und Gretel verliefen sich im Wald«, wie es in der Kinderliedfassung der Geschichte heißt: »Es war so finster und auch so bitterkalt.« Wie ein gewaltiger Organismus verschluckt der Wald nicht nur das Licht, sondern alle ortsfremden Wesen, die seinen Einzugsbereich betreten. Sogar die Brotkrumen, die Hänsel und Gretel beim Betreten des Waldes zur Wegmarkierung ausstreuen, werden von dahergelaufenen Tieren verzehrt. Der Blick auf den Horizont und hilfreiche Geländemarken ist durch Bäume versperrt. Und wenn man sich ganz und gar verlaufen hat – wenn man also nicht nur den Weg, sondern auch den Blick fürs Wesentliche verloren hat –, dann erkennt man nicht einmal diese mehr: Dann *sieht man den Wald vor lauter Bäumen nicht.*

Doch wo Schatten ist, ist meist auch Licht. Als komplementäre Gegenbewegung zur Furcht vor dem Irregehen wurde der Wald, ja die → Natur allgemein, im Zeitalter der Romantik zum Sehnsuchtsort aufgeforstet, wo sich der Mensch, befreit von der kalten Zweckrationalität der Aufklärung und den Zwängen des städtischen Daseins, wahrhaft *gehen lassen* konnte. Das moderne Leben ist wesenhaft von *Routinen* bestimmt, das heißt im eigentlichen Wortsinn von Strecken (Französisch *routes*), die wir immer und immer wieder zurücklegen und die dadurch zu Pfaden werden. Der romantische Wanderer lässt diese ausgelatschten Lebenswege hinter sich und erschließt, weniger Karte und Ratio als seinem Instinkt folgend, neue Horizonte. Das Umherschweifen, Vagabundieren, Sich-Verlaufen wird damit zur Schlüsselqualifikation. »Ich liebe es, zu träumen, aber ganz frei, indem ich meinen Kopf irren lasse, ohne ihn irgendeinem Gegenstand untertan zu machen«, charakterisierte Jean-Jacques Rousseau diese Fähigkeit zum »Extravagabundieren« in seinen *Träumereien eines einsam Schweifenden* (1776/78). Das metaphorische Umherirrenlassen des Geistes ging dabei für den Philosophen mit dem manifesten Sich-Verlaufen des Körpers einher: »Irren, allein, ohne Ziel und ohne Unterlass, zwischen Bäumen und Felsen, die meine Bleibe umgeben (…), dies ist mir die höchste Lust, ja ich kann mir nichts Höheres in diesem Leben vorstellen und auch nicht in jedem anderen Leben.«

Ähnlich sang Henry David Thoreau eine Eloge auf das Verlaufen in der Wildnis des ländlichen Neu-England: »Es ist

Vincent van Gogh, *Berglandschaft hinter dem Hospital Saint-Paul
(Kornfeld, nach dem Unwetter)* (1889); Kopenhagen, Ny Carlsberg
Glyptothek

eine ebenso überraschende und merkwürdige wie wertvolle Erfahrung, sich im Walde zu irgendeiner Zeit zu verirren«, schreibt er in seinem autobiografischen Hauptwerk *Walden oder Leben in den Wäldern* (1854). »Erst bis wir uns ganz verirrt oder umgedreht haben (…), lernen wir die Weite und Fremdartigkeit der Natur schätzen. (…) Nicht eher, als bis wir verloren sind (…), fangen wir an, uns selbst zu finden und gewahr zu werden, wo wir sind und wie endlos ausgedehnt unsere Verbindungen sind.«

Walter Benjamin schließlich übertrug die Strategie des Umherirrens von der Natur auf die Großstadt und erhob sie in seiner Skizzensammlung *Berliner Kindheit um neunzehnhundert* zur promenadologischen Kunst, zur Fähigkeit des wahren Profi-Flaneurs. »Sich in einer Stadt nicht zurechtfinden heißt nicht viel. In einer Stadt sich aber zu verirren, wie man in einem Walde sich verirrt, braucht Schulung. Da müssen Straßennamen zu dem Irrenden so sprechen wie das Knacken trockner Reiser und kleine Straßen im Stadtinnern ihm die Tageszeiten so deutlich wie eine Bergmulde widerspiegeln.« Das Sich-Verlaufen, das den Romantiker ursprünglich aus den Routen und Routinen der urbanen Zivilisation führen sollte – hier kehrt es zurück in die Stadt, die ihrerseits zum urbanen Dschungel oder immerhin Nadelwald umgedeutet wird.

Heute, im Zeitalter von Google Earth und Geotracking, stellt zielloses Umherirren ein anachronistisches Relikt dar, einen kaum zu entschuldigenden Planungsfehler – oder aber eine bewusst inszenierte Möglichkeit, innerhalb einer perfekt durchkartografierten Gegenwart etwas radikal Neues zu entdecken. »In der Regel will man genau das finden, was einem völlig unbekannt ist«, schreibt Rebecca Solnit in *A Field*

Guide to Getting Lost (2005), »und um es finden zu können, muss man sich erst verlaufen.« Das wahrhaft Neue zeichnet sich nämlich gerade dadurch aus, dass es auf keiner Karte verzeichnet, in keinem Wanderführer oder Strategiepapier beschrieben ist. Man kann es nicht anpeilen, da einem weder seine Position noch seine Beschaffenheit bekannt ist. Alles, was man tun kann, ist dem postmodernen Prinzip der Serendipität zu folgen: das heißt, mit offenen Augen, wachem Geist und nimmermüden Füßen zu driften, sich treiben zu lassen – und zu hoffen, dass man zufällig darüber stolpert.

Und wenn man sich tatsächlich derart verlaufen – oder in einen Gedankengang verrannt – hat, dass man einfach nur noch nach Hause will? Nun: Dann geht man am besten zurück ins 17. Jahrhundert und folgt einem Ratschlag von René Descartes. »Mein zweiter Grundsatz war«, schreibt er in seinem *Entwurf der Methode* (1637), »auch zweifelhaftesten Meinungen, wenn ich mich einmal für sie entschieden hätte, nicht weniger beharrlich zu folgen, als ob sie ganz sicher wären. Ich ahmte hierin die Wanderer nach, die, wenn sie sich in einem Wald verirrt haben, (…) immer ganz geradeaus in dieselbe Richtung voranschreiten müssen (…).« Denn auch wenn man einen bestimmten Weg nur zufällig eingeschlagen habe, sei es sinnvoller, an ihm festzuhalten, als immer wieder die Entscheidung infrage zu stellen. So würden die Wanderer zwar nicht genau dorthin gelangen, wohin sie eigentlich wollten – »aber sie kommen zumindest am Ende irgendwo an, wo sie wahrscheinlich besser aufgehoben sind als mitten im Wald«.

Wanderin

 angreifen, retten, verlaufen, vermissen, wagen, locken, durchstreifen

Im Deutschen wird bei maskulinen Personenbezeichnungen, die auf *-erer* enden, die weibliche Form gebildet, indem das zweite *-er* weggelassen und durch die Feminin-Endung *-in* ersetzt wird. Die korrekte weibliche Form von *Wanderer* lautet also *Wanderin* – eigentlich. Denn de facto wird dieser Begriff erst recht spät und zunächst meist nur im übertragenen Sinn verwendet: »ein stete flamme und licht, / ein himmelische wendererin, / der stunde ein zuteilerin«, heißt es in dem frühneuzeitlichen Versepos *Secundus* über die Sonne. Johann Gottfried Herder verwendete den Begriff in den *Ideen zur Philosophie der Geschichte der Menschheit* (1784–91), um unseren Heimatplaneten zu umschreiben: »Durch keinen Trugschluss können wir's leugnen, dass unsre Erde in Jahrtausenden älter geworden sei und dass diese Wandrerin um die Sonne seit ihrem Ursprunge sich sehr verändert habe.« Der Lexikograf Johann Christoph Adelung schließlich, Verfasser des *Grammatisch-kritischen Wörterbuchs der hochdeutschen Mundart*, beschied, ebenfalls Ende des 18. Jahrhunderts, eine Feminin-Form von *Wanderer* komme generell »nicht leicht vor«.

Dieser sprachwissenschaftliche Befund entsprach (und entsprang) einer soziokulturellen Realität: Das einsame Wandern in der ⇥ Natur war ursprünglich den Männern vorbehalten, während man Frauen allenfalls den urbanen oder stadtnahen Spaziergang zugestand, und auch diesen meist nur in Gesellschaft. »Die Natur nähert sich der Einsamkeit, und die Einsamkeit ist dem zweiten Geschlecht viel zu düster und furchtbar, als dass es sie lange zu ertragen vermöchte«, verfügte der Pädagoge Karl Gottlob Schelle Anfang des 19. Jahrhunderts: »Höchstens in Momenten der Liebe (…) findet man Frauenzimmer – am Arm des Geliebten oder eines geliebten Freundes in der Natur.« Dass auch ein solcher Spaziergang zu zweit damals nicht unbedingt als schicklich galt, ersieht man an einem Bild von Carl Spitzweg aus dem Jahr 1840: Ein Mädchen wandert am Arm eines Soldaten in ein sommerliches Feld hinaus, ein Mann im schwarzen Gehrock blickt den beiden Verliebten mahnend hinterher; an der Abzweigung zu jenem verführerischen Pfad, den das Paar gerade zu beschreiten im Begriff ist, steht ein Warnschild, das zugleich den Titel des Gemäldes wiedergibt: *Der verbotene Weg.*

Die zugrunde liegende Unterstellung für das weibliche Wanderverbot: eine allein gehende Frau könne sich nicht gegen die Avancen männlicher Vagabunden wehren – ja, sie fordere diese gar erst heraus. Eine Frau, die zu Fuß unterwegs war, geriet schnell in Verdacht, ein gewerbliches Verhältnis zur Sexualität zu haben, was sich bis heute in der Sprache niederschlägt: Das englische Wort *streetwalker* meint nicht etwa jemanden, der durch den Stadtraum flaniert, sondern ein *Straßenmädchen.* Und während der französische Ausdruck *péripatéticien* einen Mann bezeichnet, der bevorzugt im Gehen philosophiert (→ Denken), meint die weibliche Form *péripatéticienne* eine Prostituierte. Noch in den 1950 er-Jahren suggerierte der berühmte Alpinist Franz Nieberl, dass die von ihm im Gebirge beobachteten »Kletterweiblein« auf ganz andere Höhepunkte aus seien als auf Alpengipfel: »Gehe nicht in die Berge zu dem ausgesprochenen Zweck, einen Mann zu bekommen oder um Liebeständeleien nachzugehen«, rät er seinen Leserinnen in *Das Klettern im Fels*, »das kannst du zu Hause billiger haben.«

Während der Mann als Kultivator die Natur – auch seine eigene – bezähmen kann und muss, ist die Frau vermeintlich selbst ein Teil davon: den Gefahren der Wildnis wie ihren eigenen animalischen Trieben schutzlos ausgeliefert. Er ist Subjekt, sie Objekt. Der Mann ist Entdecker, die Frau die zu Entdeckende: ein *dark continent*, wie Sigmund Freud es formulierte, ein unerforschlicher Erdteil also, der sich allenfalls ein paar Zentimeter pro Jahr vom Fleck bewegt.

Dennoch machten sich immer wieder Frauen zu Entdeckungsreisen auf – wenn auch zunächst häufig gegen männlichen Widerstand und Misstrauen. 1808 bestieg die Französin Marie Paradis als erste Frau den Mont Blanc, 1871 stand die Engländerin Lucy Walker als erste Frau auf dem Matterhorn. Das erste monumentale Gemälde einer bergsteigenden Frau datiert auf das Jahr 1912; es stammt von dem dänischen Maler Jens Ferdinand Willumsen: Auf dem Bild *Bergsteigerin* porträtierte er seine Gattin, allein vor dramatischer Hochgebirgskulisse stehend, einen wetterfesten Mantel um die Schultern geworfen; sie stützt sich dabei nicht auf den Arm eines sie begleitenden Mannes, sondern auf ihren Wanderstab. Im selben Jahr fanden in Großbritannien und den USA die ersten Wahlrechtsmärsche, die sogenannten *Suffrage Hikes* statt (➤ Politik). Drei Jahre später führte Dänemark – als eines der ersten europäischen Länder überhaupt – das allgemeine Frauenwahlrecht ein. Deutschland folgte 1918.

Dass die Durchsetzung des Wander- und Wahlrechts zeitlich miteinander einherging, ist bezeichnend: Schließlich stellt

Wandergruppe von Frauen im Uttewalder Grund in der Sächsischen
Schweiz (1922)

das selbstbestimmte, von nichts und niemandem als dem eigenen Wollen, Planen und Können vorgezeichnete Gehen den Inbegriff der → Freiheit dar. Nicht von ungefähr war die wohl bedeutendste Feministin des 20. Jahrhunderts, Simone de Beauvoir, eine enthusiastische Wanderin, die ihren männlichen Kollegen immer wieder praktisch bewies, dass das von Karl Gottlob Schelle sogenannte »zweite Geschlecht« am Berg eben keineswegs *le deuxième sexe* bleiben muss. Das Recht zu gehen musste von den Frauen erst mühsam erwandert und erkämpft werden. Oder wie man in Anverwandlung eines berühmten Zitats von de Beauvoir formulieren könnte: Man wird nicht als Wanderin geboren – man wird es.

Wanderlust

Lustwandern, Sehnsucht, Abenteuerlust, Lebenslust, Heim-
weh, Wald

Neben Wörtern wie *rucksack, waldeinsamkeit* und *to abseil*
gehört *wanderlust* zu einer Reihe von Begriffen aus dem
semantischen Feld des Gehens und Bergsteigens, die ihren
Weg als Lehnwort in die englische Sprache gefunden haben.
»An eager desire or fondness for wandering or travelling«,
versucht das *Oxford English Dictionary* dieses Gefühl zu um-
reißen, ein drängendes Verlangen oder eine Neigung, sich auf
Wanderschaft oder Reisen zu begeben. Tatsächlich handelt
es sich um eine sehr komplexe Emotion, die verschiedenste
Aspekte umfasst: Abenteuerlust. Bewegungsdrang. Fernweh.
Langeweile. Neugier. Zivilisationsmüdigkeit. Sowie, nicht
zuletzt, eine brennende, aber ungerichtete Sehnsucht nach
einem Ort und Zustand, von dem man eigentlich nur weiß,
dass er nie dort zu finden ist, wo man sich gerade aufhält.
Im Englischen ist der Ausdruck erstmals 1902 nachgewiesen;
im Deutschen wurde er ungefähr hundert Jahre früher, zur
Zeit der Romantik, populär und fand seinen wohl bekann-
testen Ausdruck in dem Gedicht *Wanderschaft* von Wilhelm
Müller, besser bekannt unter dem Titel *Das Wandern ist des
Müllers Lust*, das 1823 von Franz Schubert vertont wurde und
den Auftakt zu seinem Liederzyklus *Die schöne Müllerin*
bildet. Unter Laien hat sich hingegen die volkstümlichere
Fassung von Carl Friedrich Zöllner aus dem Jahr 1844 durchgesetzt, die deutlich leichter zu singen ist und bis heute zu
den beliebtesten deutschsprachigen Wanderliedern zählt: »O
Wandern, Wandern, meine Lust, / O Wandern! / Herr Meister

und Frau Meisterin, / Lasst mich in Frieden weiter ziehn / Und wandern.«

Zugegeben: Der Müller'sche Müller begibt sich nicht aus ungetrübter Lust auf die Wanderschaft, sondern weil er als zünftiger Geselle zur Walz verpflichtet ist. Wie der weitere Verlauf der *Schönen Müllerin* (und mehr noch der ebenfalls aus der Feder von Wilhelm Müller stammende Zyklus *Die Winterreise*) demonstriert, kann das Wandern durchaus auch eine Last sein. Dennoch war die Vorstellung, dass die Fortbewegung zu Fuß besonders attraktiv sei, ja eine geradezu magische Anziehungskraft habe, zu Beginn des 19. Jahrhunderts bereits fest etabliert: »Zuletzt war ich von Wanderlust gelockt, / Als ich zu Ende war mit Land und Wellen, / Nun auch herab, wo ihr im Finstern hockt, / Zu kommen, um ein wenig aufzuregen, / Was hier in ew'ger Langerweile stockt«, heißt es in Friedrich Rückerts Gedicht *Die drei Quellen* (1816). Bezeichnenderweise ist es kein Mensch, sondern ein Lufthauch, der hier spricht: Die Wanderlust ist demnach eine quasi-physikalische Gewalt; wer sich ihr widersetzt, handelt gegen die Gesetze der Natur. Der Wind weht, das Wasser fließt, und selbst die schweren Mühlsteine drehen sich unter dem Einfluss der Elemente: Wie soll der Mensch da stille stehen?

Wie verbreitet und zugleich ausdifferenziert das Gefühl der Wanderlust im 19. Jahrhundert war, lässt sich daran ermessen, dass damals ein ganzer Schwarm sinnverwandter Ausdrücke existierte, deren semantischer Gehalt sich manchmal nur in Nuancen von jenem der Wanderlust unterschied: *Wandergeist. Wanderdrang. Wandersehnsucht. Wandertrieb. Wanderungsbegierde. Wandersucht. Wandertollheit.* Der Ausdruck *Wandergeist* bezeichnete vermutlich die mildeste Form der Aufbruchstimmung; er beschrieb eher eine latente Disposition zum Gehen als eine akute Lust. Dieses Gefühl nagt beispielsweise an Anton Reiser aus Karl Philipp Moritz' gleichnamigem Bildungsroman: »Allein sein Aufenthalt in Hannover wurde ihm von nun an womöglich noch verhasster – und der Wandergeist hatte sich seiner nun ganz bemächtigt«, verflüchtigt sich aber umgehend wieder, nachdem der Protagonist eine Nacht in einer zugigen Scheune verbracht hat.

Der *Wandertrieb* verbindet den Menschen mit den Tieren, vor allem mit den Zugvögeln, die bekanntlich im weiteren Sinne wandern, ohne jedoch ihr Handeln rational planen oder reflektieren zu können: »Der übermächtige Wandertrieb, der sogar dem in warmer Stube üppig geborgenen Vogel keine Ruhe lässt«, schrieb der deutsch-baltische Zoologe Alexander Theodor von Middendorff Mitte des 19. Jahrhunderts, »quillt über seine Grenzen, er wächst zur *Wandersucht* heran, die ja mit gleicher Gewalt auch im Menschen wühlt. Vorwärts! vorwärts! drängt es im Menschen wie im Vogel, und weckt hier so wie dort kühne Entdecker, die ihrem Geschlechte neue Welten eröffnen.«

Der Ausdruck *Wandersehnsucht* schließlich klingt romantisch, kann aber als Euphemismus für kriegerische Eroberungslust stehen. Der Historiker und notorische Antisemit Heinrich von Treitschke attestierte seinem Namensvetter Heine, dieser habe wenigstens hin und wieder beim Schreiben »ganz deutsch« empfunden: »Deutsches Gemüte sprach (…) auch aus dem Liede vom Fichtenbaum und der Palme, das für die Wandersehnsucht der Germanen sinnige Worte fand (…).« Es entbehrt nicht der Ironie, dass dem Historiker der feine Heine'sche Humor entging – und er die fraglichen Verse über eine halberfrorene Fichte im Norden, die von einer halbverdorrten Palme im Süden träumt, als Ausdruck germanisch-kolonialen Expansionsdrangs interpretierte.

In aller Regel treibt die Wanderlust die von ihr Affizierten in die freie Natur: aus der Mühle des Meisters, aus der Stadt, aus der warmen Stube, aus dem kalten Norden nach Süden. Mit dem Aufkommen der Flânerie Ende des 19. Jahrhunderts wurde es aber auch möglich, sich innerhalb der Großstadt einem Wanderlust-ähnlichen Bewegungs- und Sinnenrausch hinzugeben (→ Flanieren). »Fast drei Jahre ist es her, dass ich in jene Straße im Quartier Grenelle verschlagen wurde. Der Zufall führte mich dorthin; das heißt, nicht eigentlich ein Zufall, sondern der Rausch. Der Straßenrausch, der mich in Paris immer ergreift«, schreibt der Soziologe und Filmwissenschaftler Siegfried Kracauer in *Straßen in Berlin und anderswo*: »Es war eine Besessenheit, der ich nicht zu widerstehen vermochte. (…) Sogar die gelegentlichen Zusammenkünfte mit Frauen erschienen mir wie eine Pflichtvergessenheit, wie eine törichte Ablenkung von den Straßen, die mich ungleich stärker beanspruchten als irgendein einzelnes Mädchen.« Es ist bezeichnend, dass Kracauer die Wanderlust hier in Konkurrenz zur körperlichen Liebe setzt: Schließlich haftet dem rhythmischen, schwitzenden, schwer atmenden Gehen durchaus etwas Sexuelles an. Nicht von ungefähr haben sich unter den oben aufgeführten, mit *Wander*- verknüpften Abstrakta nicht der *Geist*, der *Drang* oder die *Sehnsucht* durchgesetzt, sondern die *Lust*: ein Begriff, der in der psychoanalytischen Theorie Sigmund Freuds meist mit der Libido gleichgesetzt wird.

Im Gedichtzyklus von der *Schönen Müllerin* wird die Wanderlust gegen Ende denn auch konsequenterweise von sexuellem Begehren ersetzt: »Wanderlustige Gedanken, / Die ihr flattert nah und fern, / Fügt euch in die engen Schranken / Ihrer treuen Arme gern!« Nachdem der Geselle körperliche Liebe erfahren hat, muss er sein Begehren nicht mehr durch Wandern sublimieren – oder sollte es umgekehrt sein, und die zwischenmenschliche Erotik dient der Sublimierung der Wanderlust?

Fest steht: Die beiden Empfindungen gehen Hand in Hand. Im englischen Sprachraum meint der Ausdruck *wanderlust* heute entsprechend meist kein *desire for wandering* mehr, sondern eine vagabundierende Libido: Die aktuelle britische TV-Serie *Wanderlust* schildert die sexuellen Irrungen und Wirkungen eines alternden Ehepaars. Und der R&B-Song gleichen Namens von dem kanadischen Sänger The Weeknd (2013) wendet sich an eine flüchtige Liebschaft. »Good girls go to heaven / And bad girls go everywhere / And tonight I will love you / And tomorrow you won't care.« Frei paraphrasiert: Auch die Liebe liebt das Wandern; kein Mensch weiß, wo sie sich morgen aufhalten wird. Das wussten freilich auch schon die Romantiker.

Weg

steinig, steil, schmal, matschig, dornenreich, getrennt, direkt, richtig, falsch

Die früheste Form des Weges ist der Trampelpfad. Ein Pfad ist seinem Wesen nach nicht planvoll angelegt, sondern das Resultat regelmäßiger Verwendung: Wege zeichnen also einerseits mögliche Routen vor – andererseits verdanken sie ihre Existenz der Tatsache, dass sie beschritten und instand gehalten werden. Darin ähneln sie der Sprache, die ebenfalls gangbare Äußerungs- und Denkmöglichkeiten vorzeichnet, dabei aber auf kontinuierlichen Gebrauch angewiesen ist. Wege wie Wörter sind ständigem Wandel unterworfen: Ihre Zielrichtung kann sich ändern, sie können sich verengen oder verbreitern – und wenn sie nicht mehr verwendet werden, verschwinden sie allmählich und geraten schließlich in Vergessenheit.

Die Erschaffung von Wegen – sei es wie beim Trampelpfad durch fußläufigen Gebrauch oder durch Hände, Werkzeuge und Maschinen – bedeutet stets einen kultivatorischen Eingriff: Pflanzen werden zertreten, Schneisen geschlagen, Bäume gefällt, Entwässerungsgräben angelegt, Brücken gebaut. Die Art und Weise, wie ein Weg angelegt ist, sagt daher stets auch etwas über das Verhältnis des Menschen zur ihn umgebenden Natur aus. Der Medienphilosoph Vilém Flusser unterscheidet entsprechend zwischen zwei Arten von Wegen: Die eine ist »das Produkt der Versuche, die Natur zum Feld menschlicher Entwürfe zu machen und die Essenz des menschlichen Geistes immer besser strahlen zu lassen«: Sie unterwirft die Natur also der ordnenden Hand, dem Auge und Fuß des Menschen. Die zweite Art hingegen ist »das Resultat der Bemühung, die Natur durch Arbeit zu fördern und die Essenz der Natur immer mehr glänzen zu lassen«: Sie will also primär die Schönheit der Landschaft ausstellen und weist dem in ihr verweilenden Menschen bloß eine Rolle als stiller Teilhaber zu.

Die meisten Wanderwege dürften zu dieser zweiten Gattung gehören. »Der Wanderpfad (…) will nicht sein Ziel auf dem nächsten Wege erreichen«, schreibt der Philosoph Otto Friedrich Bollnow in *Mensch und Raum* (1963): »Er windet sich durch die Landschaft, weicht einem Hindernis aus und schmiegt sich den Geländeformen an, wo der Straßenbauer sie durch einen entschiedenen Eingriff vergewaltigt hätte.« Ein solcher Pfad ist – anders als der Handels-, Post-, Wirtschafts- oder Weideweg – nicht unmittelbar zweckgebunden, sondern dient allenfalls der Erschließung der Landschaft für Wanderinnen und Wanderer.

Wie bei allen Tätigkeiten, die dem ästhetischen Selbstzweck dienen, besteht dabei allerdings das Risiko, dass die Schönheit in Kitsch umschlägt – dass der Weg also, mit Flusser gesprochen, die »Essenz der Natur« allzu aufdringlich glänzen lassen will. Dieser Meinung ist zumindest der Privatgelehrte Anatol Zentgraf in der Erzählung *Zentgraf im Gebirg* (1979) des Schweizer Autors Hermann Burger: »›Kitsch‹, definierte mein Vorgesetzter, ›ist der Priapismus einer impotenten Seele. Freilich gibt es‹, fügte er mit einem vernichtenden Blick auf die Casaccia-Gruppe hinzu, ›auch kitschige Formen der Naturbewältigung. Einen Höhenweg, einen sogenannten Panoramaweg abwandern, immer vom Motiv beherrscht, immer Cengalo und Badile im Hintergrund, ist Kitsch im höchsten Grade.‹«

Eine andere, gegenläufige Gefahr: Der Weg kann überhaupt keine Ausblicke bieten, ja dem Wandernden den Eindruck vermitteln, dass er ihn in falscher Richtung beschreitet und alle erstrebenswerten Motive in seinem Rücken liegen: dort, wo er losgegangen ist. Der irische Romancier und Satiriker Flann O'Brien beschreibt einen solchen Weg in seinem Roman *Der dritte Polizist* (1940). Eine gute, zum Wandern geeignete Straße, lässt er den (fiktiven) Philosophen de Selby darin verkünden, weise immer »eine undefinierbare Andeutung (auf), dass sie irgendwohin führt, sei es nach Osten oder Westen, und nicht von dort zurückkommt. Wer auf einer solchen Straße geht, so glaubt er, dem wird sie eine angenehme Reise vermitteln (…). Wer dagegen auf einer Straße ostwärts geht, die nach Westen führt, wird die unfehlbare Ödnis jedes Ausblicks bestaunen, und die große Zahl gebeugter, fußkranker Mitwanderer wird ihn erschöpfen.« Eine Umkehrung des irischen Segenswunsches *May the road rise to meet you*: An manchen Tagen scheinen alle Wege bergauf zu führen. An manchen Tagen nimmt man lieber den Rückweg.

Den Sonderfall einer frustrierenden Wandererfahrung stellt der sogenannte *Holzweg* dar – der nicht notwendigerweise bergauf führt, aber, mit dem (echten) Philosophen Martin Heidegger gesprochen, »verwachsen jäh im Unbegangenen« endet und daher als Metapher für vergebliches ⇢ Denken Eingang in die Umgangssprache gefunden hat. Heidegger hat diese ursprünglich negativ konnotierte Wendung positiv umgedeutet: Auf einer Wanderung im Schwarzwald habe der Philosoph ihn einmal scheinbar in die Irre geführt, berichtet sein Fachkollege Carl Friedrich von Weizsäcker, tief ins Unterholz. »Ich sagte: ›Der Weg hört auf.‹ Er sah mich pfiffig an und sagte: ›Das ist der Holzweg. Er führt zu den Quellen

(…).‹« Und in der Tat: Aus einem moosüberwachsenen Stein am Ende des Holzwegs tritt, als Weizsäcker näher hinsieht, Wasser aus. Womöglich haben die so übel beleumundeten Holzwege also ihre verborgenen Qualitäten. Vielleicht führen sie zu einem Ziel, das wir bislang übersehen haben oder dessen wir uns noch nicht bewusst sind.

Doch stets führen Wege uns zurück in die Vergangenheit. »Der Pfad lockt das Auge, das äußere wie das innere«, schreibt der britische Autor Robert Macfarlane in *Alte Wege* (2012). »Der Kopf kann nicht umhin, dieser Linie über das Land zu folgen – nicht nur voran durch den Raum, sondern auch zurück durch die Zeit, hinein in die Geschichte des Weges und all derer, die ihn genutzt haben.« Hier verlief vielleicht eine alte Militärstraße; dieser Weg verband vermutlich eine längst verfallene Alpe mit dem Talort; auf jenem Steig dort kletterten Jäger wahrscheinlich Rehen und Gämsen nach.

Durch ihren Verlauf verweisen Wege auf die Ursachen ihrer Entstehung. Sie lassen längst vergessene Verbindungslinien hervortreten und die Tritte vergangener Wanderer erahnen. Unter diesem Blickwinkel haben Wege eine durchaus melancholische Dimension, die bereits in der Sprachgeschichte anklingt. Das Substantiv *Weg* ist mit dem Adverb *weg* verwandt: Wer sich im Mittelalter *enwec* machte, der war erst *unterwegs* und dann weit entfernt, vielleicht für immer: *hinweg*. Die Gehenden, die unsere heutigen Wege ausgetreten haben, sind längst verschwunden. Es bleiben uns nur ihre akkumulierten Fußabdrücke, Spuren von Geistern. Die Wege sind noch da – die Menschen sind weg.

Gillis van Coninxloo, *Tobias mit dem Engel* (um 1600); Mannheim,
Reiss-Engelhorn-Museum

Zwecklos

 Kunst, Träumerei, Wandern, Schwärmerei, Nichtstun

Wandern ist zwecklos. Mag sein, dass das Gehen an der frischen Luft die Lungen und das kardiovaskuläre System stärkt, und vermutlich bleibt es nicht aus, dass man ein wenig Muskelmasse aufbaut. Auch lernt man eventuell neue Gegenden und Menschen kennen, schärft seinen Orientierungssinn und kann seinen Marsch in den Dienst politischer, spiritueller oder künstlerischer Anliegen stellen. Aber davon abgesehen und ganz grundsätzlich ist Wandern eine herzlich sinnlose Tätigkeit. Sie kostet Zeit, Kraft, Ressourcen und macht die Welt dabei kein bisschen besser.

In der Tat ist dies ein Kennzeichen des modernen Wanderns schlechthin: dass es keinem außerhalb seiner selbst liegenden Ziel dient. Als erster Wanderer dieser Gangart gilt gemeinhin Francesco Petrarca, der 1336 in Begleitung seines Bruders auf den Mont Ventoux kletterte: »Den höchsten Berg dieser Gegend (…) habe ich am heutigen Tage bestiegen. Dabei trieb mich einzig die Begierde, die ungewöhnliche Höhe dieses Flecks Erde durch Augenschein kennenzulernen.« Wirklich durchsetzen konnte sich der Trend zum Lustwandern aber erst gut vier Jahrhunderte später, vor allem unter dem Einfluss des Philosophen Jean-Jacques Rousseau: »Wir denken nicht allein an die beiden Endpunkte unserer Reise«, schrieb er in seinem pädagogischen Hauptwerk *Émile oder Über die Erziehung* (1762), »sondern auch an den Weg, der zwischen ihnen liegt. Die Reise selbst gewährt uns Genuss.« Mittlerweile ist diese Vorstellung zum Allgemeingut geworden – kondensiert in dem gebetsmühlenhaft wiederholten Wanderbonmot: *Der Weg ist das Ziel.*

Diese Beschwörungsformel ist mittlerweile so häufig zu hören, dass man Verdacht schöpfen könnte, die Menschen, welche sie im Munde führen, müssten sich durch stetiges Repetieren selbst von ihrer Richtigkeit überzeugen. »Er wiederholte nicht so heftig Wort und Lehre, / Wenn es ganz just mit dieser Sache wäre«, wie Goethe (in anderem Zusammenhang) bemerkte. Tatsächlich steht das Wandern unter permanentem Rechtfertigungsdruck: Der Wandernde muss – auch bei schlechtem Wetter, auch bei Erschöpfung, auch bei Blasen an den Füßen – andauernd den Gedanken an die ultimative Zweckfreiheit seines Tuns vor sich verbergen. »Wenn ich aus Gleichgültigkeit oder Laune auf eine Tour verzichtet hätte, wenn ich mir nur ein einziges Mal gesagt hätte: Wozu eigentlich?«, schreibt Simone de Beauvoir im Memoiren-Band *In den besten Jahren* (1960) über ihre regelmäßigen Wanderungen in der Provence, »hätte ich das ganze System zerstört, das mein Vergnügen in den Rang heiliger Verpflichtung hob.« Wer sich beim Wandern oder Bergsteigen ernsthaft die Sinnfrage stellt, kann eigentlich gleich zu Hause bleiben.

Größere Gefahr droht dem zweckfreien Wandern vermutlich durch die zunehmende Ökonomisierung, Funktionalisierung und Quantifizierung unseres Daseins. Elektronische Activity Tracker messen die Schrittzahl und zurückgelegten Kilometer, dokumentieren Körpertemperatur und Herzfrequenz und berechnen die verbrannten Kalorien; anschließend können die Nutzer ihre Ergebnisse in sozialen Netzwerken veröffentlichen und mit den Leistungen anderer Wandernder vergleichen. Ob der dadurch hergestellte

Konkurrenzdruck wirklich zu erhöhter Fitness führt, ist umstritten; fest steht, dass das Gehen dadurch in den großen Kreislauf der digitalen Selbstkontrolle und -optimierung eingespeist wird.

Das bedeutet nicht das Ende des Wanderns, wie wir es kennen, stellt aber doch eine entscheidende Akzentverschiebung dar: Das Wandern rückt damit in die Nähe des Sports, wo es traditioneller Auffassung zufolge nichts verloren hat. Im herkömmlichen Sinn hat Wandern weitaus mehr Ähnlichkeiten mit der ⇥ Kunst, die sich ebenfalls dadurch auszeichnet, dass sie keinem unmittelbaren, messbaren Zweck dient, sondern allererst sich selbst verpflichtet ist. Jegliche Kunst ist nutzlos, wie eine Sentenz von Oscar Wilde besagt: »All art is quite useless.« Die einzige Entschuldigung, etwas dermaßen Zweckfreies zu schaffen, sei, so Wilde, »that one admires it intensely«.

Dasselbe, könnte man sagen, gilt auch für das Gehen: Der einzige Grund, sich auf eine Wanderung zu begeben, ist, dass es keinen Grund dafür gibt. Der einzig gute Grund zum Wandern ist, dass man es über alles liebt.

Friedrich Georg Kersting, *Caspar David Friedrich auf einer Fußreise im Riesengebirge* (1810)

Verwendete und zitierte Literatur

Aicher, Otl: *gehen in der wüste.* Frankfurt am Main 1982.

Armitage, Simon: *Walking Home.* London 2012.

Arnim, Bettina von: »An Goethe«. In: *Goethes Briefwechsel mit einem Kinde.* Berlin 1837.

Aurelius Augustinus: *Bekenntnisse.* München 1914.

Baudelaire, Charles: »Der Maler des modernen Lebens«. In: *Aufsätze zur Literatur und Kunst 1857–1860.* München und Wien 1989.

Bayertz, Kurt: *Der aufrechte Gang.* München 2012.

Beauvoir, Simone de: *In den besten Jahren.* Reinbek bei Hamburg 1961.

Becker, Jürgen: *Umgebungen.* Frankfurt am Main 1970.

Benjamin, Walter: *Berliner Chronik.* Frankfurt am Main 1970. | *Berliner Kindheit um neunzehnhundert.* Berlin 2010. | »Charles Baudelaire. Ein Lyriker im Zeitalter des Hochkapitalismus«. In: *Gesammelte Schriften* I/2. Frankfurt am Main 1991. | »Paris, die Hauptstadt des XIX. Jahrhunderts«. In: *Illuminationen.* Frankfurt am Main 1977.

Bernhard, Thomas: *Gehen.* Frankfurt am Main 1971.

Böhme, Hartmut: *Aussichten der Natur.* Berlin 2017.

Bollnow, Otto Friedrich: *Mensch und Raum.* Stuttgart 1963.

Brotton, Jerry: *A History of the World in Twelve Maps.* New York 2013.

Büchner, Georg: »Lenz«. In: *Dichtungen.* Leipzig 1990.

Bunyan, John: *The Pilgrim's Progress from This World to That Which Is to Come.* London 1996.

Burckhardt, Lucius: *Warum ist Landschaft schön?* Berlin 2006.

Burger, Hermann: »Zentgraf im Gebirg oder das Erdbeben zu Soglio«. In: *Diabelli.* Frankfurt am Main 1979.

Burke, Edmund: *Philosophische Untersuchungen über den Ursprung unserer Ideen vom Schönen und Erhabenen.* Hamburg 1989.

Büscher, Wolfgang: *Berlin – Moskau.* Reinbek bei Hamburg 2003.

Cage, John: *Silence.* Frankfurt am Main 1987.

Camus, Albert: *Der Mythos von Sisyphos.* Düsseldorf 1958.

Cassirer, Ernst: *Philosophie der symbolischen Formen.* Hamburg 2001.

Denk, Claudia: »Das Narrativ vom Künstler als freiem Wanderer. Jean-Jacques Rousseau und die Folgen.« In: Birgit Verwiebe und Gabriel Montua, Hrsg.: *Wanderlust.* Berlin 2018.

Derrida, Jacques: *Grammatologie.* Frankfurt am Main 1998.

Descartes, René: *Entwurf der Methode.* Hamburg 2013.

Dorgerloh, Annette: »Spaziersucht, Lustwandel und Bergdrang. Bilder von Frauen unterwegs.« In: Birgit Verwiebe und Gabriel Montua, Hrsg: a. a. O.

Ebmeyer, Michael: »Nackedei«. In: *Henry Silber geht zu Ende.* Köln 2001.

Eichendorff, Joseph von: »Der Umkehrende«. In: *Gedichte.* Stuttgart 1993.

Elkin, Laura: *Flâneuse.* München 2018.

Espedal, Tomas: *Gehen oder die Kunst, ein wildes und poetisches Leben zu führen.* Berlin 2011.

Flusser, Vilém: »Wege.« In: *Vogelflüge.* München und Wien 2000.

Fontane, Theodor: *Wanderungen durch die Mark Brandenburg.* München 1994.

Freud, Sigmund: »Hemmung, Symptom und Angst«. In: *Studienausgabe.* Frankfurt am Main 2000.

Gernhardt, Robert: »Ein Buch zu öffnen, meint auch zu verreisen«. In: *Gesammelte Gedichte 1954–2006.* Frankfurt am Main 2008.

Goethe, Johann Wolfgang von: »Auf Lavaters Lied eines Christen an Christus geschrieben«. In: *Gedichte aus dem Nachlass / West-Östlicher Divan*. Zürich und Stuttgart 1962. | *Aus meinem Leben. Dichtung und Wahrheit*. Zürich und Stuttgart 1962. | *Briefe aus der Schweiz 1779*. In: *Reisen*. Zürich und Stuttgart 1962. | *Faust. Eine Tragödie*. In: *Dramen*. Zürich und Stuttgart 1961. | »Wandrers Sturmlied«. In: *Gedichte*. Zürich und Stuttgart 1961.

Grimm, Jacob und Wilhelm: *Deutsches Wörterbuch*. München 1991 [1854].

Gros, Frédéric: *Unterwegs*. München 2010.

Guzzoni, Ute: *Wohnen und Wandern*. Freiburg im Breisgau 2017.

Habbal, Rasha: »Ich erlaube dir nicht, mich zurückzulassen«. In: Ulrich Schreiber und Mira Soldo, Hrsg.: *Ankunft*. Berlin und Tübingen 2018.

Handke, Peter: *Die Wiederholung*. Frankfurt am Main 1989.

Hegel, Georg Wilhelm Friedrich: »Reisetagebuch Hegels durch die Berner Oberalpen 1796«. In: Karl Rosenkranz: *Georg Wilhelm Friedrich Hegels Leben*. Berlin 1844.

Heidegger, Martin: *Holzwege*. Frankfurt am Main 1950.

Heine, Heinrich: »Das Fräulein stand am Meere«. In: Robert Gernhardt und Klaus Cäsar Zehrer, Hrsg.: *Hell und Schnell. 555 komische Gedichte aus 5 Jahrhunderten*. Frankfurt am Main 2004. | *Die Harzreise*. Stuttgart 1955.

Herder, Johann Gottfried: *Ideen zur Philosophie der Geschichte der Menschheit*. Frankfurt 1989.

Herzog, Werner: *Vom Gehen im Eis*. Frankfurt am Main 2009.

Hesse, Hermann: »Wanderung«. In: *Beschreibung einer Landschaft*. Frankfurt am Main 1992.

Hessel, Franz: *Spazieren in Berlin*. Berlin 2011.

Hofmannsthal, Hugo von: »Die Wege und die Begegnungen.« In: *Erzählungen. Erfundene Gespräche und Briefe. Reisen*. Frankfurt am Main 1979.

Holzach, Michael: *Deutschland umsonst*. Hamburg 2015.

Homer: *Odyssee*. Frankfurt am Main 1990.

Jameson, Fredric: »Excerpts from Postmodernism, Or The Cultural Logic of Late Capitalism«. In: Joseph Natoli und Linda Hutcheon, Hrsg.: *A Postmodern Reader*. Albany, NY 1993.

Kafka, Franz: »Der Aufbruch«. In: *Gesammelte Werke*. Frankfurt am Main 1985.

Kaiser, Friederike: »Berg Heil?« In: *DAV Panorama* 6 / 2011.

Kanji, Noor: »Ein Leben auf gepackten Koffern«. In: Ulrich Schreiber und Mira Soldo, Hrsg.: a. a. O.

Kant, Immanuel: *Kritik der Urteilskraft*. Frankfurt am Main 1974. | »Was heißt: sich im Denken orientieren?« In: *Schriften zur Metaphysik und Logik*. Darmstadt 1983.

katrinem: »Pfade für aufmerksames Hören«. www.katrinem.de / category / go-your-gait.

Kempermann, Gerd: »Gehirne sind zum Gehen da«. In: *Philosophie Magazin Sonderausgabe Wandern*. Juni 2018.

Kerkeling, Hape: *Ich bin dann mal weg*. München 2006.

Kerner, Justinus: »Wanderlied«. In: *Gedichte*. Stuttgart und Tübingen 1826.

Kerouac, Jack: *Gammler, Zen und hohe Berge*. Reinbek bei Hamburg 1971.

King, Martin Luther: »Ich habe einen Traum.« In: Gerhard Jelinek, Hrsg: *Reden, die die Welt veränderten*. Salzburg 2009.

Kleist, Heinrich von: *Geschichte meiner Seele*. Frankfurt am Main 1977.

Kluge: *Etymologisches Wörterbuch der deutschen Sprache*. Berlin und New York 1999.

Knecht, Alexander, und Günter Stolzenberger, Hrsg.: *Die Kunst des Wanderns*. München 2010.

König, Gudrun M.: »Promenadenmode. Spazierengehen als Vergnügen«. In: Claudia Selheim, Frank Matthias Kammel und Thomas Brehm, Hrsg.: *Wanderland*. Nürnberg 2018.

Kracauer, Siegfried: *Straßen in Berlin und anderswo.* Frankfurt am Main 1964.
Kuhligk, Björn, und Jan Wagner: *Der Wald im Zimmer.* Berlin 2007.
Kumpfmüller, Michael: *Durst.* Köln 2003.
Langbein, August Friedrich: »Richard Löwenherz und Blondel«. In: *Sämtliche Schriften.* Stuttgart 1835.
Leven, Barbara: »Wandern Frauen anders? Künstlerinnen als Walking Artists«. In: Claudia Selheim, Frank Matthias Kammel und Thomas Brehm, Hrsg.: a.a.O.
Lewis-Krauss, Gideon: *Die irgendwie richtige Richtung.* Berlin 2013.
Losang, Eric: »Vom Finger auf der Landkarte zum virtuellen Wandern«. In: Claudia Selheim, Frank Matthias Kammel und Thomas Brehm, Hrsg.: a.a.O.
Macfarlane, Robert: *Alte Wege.* Berlin 2016. | *The Wild Places.* London: Granta, 2007.
Mann, Thomas: *Der Zauberberg.* Frankfurt am Main 1950.
Middendorf, Alexander Theodor von: *Reise in den äußersten Norden und Osten Sibiriens.* St. Petersburg 1867.
Modick, Klaus: *Ins Blaue.* Reinbek bei Hamburg 1987.
Montaigne, Michel de: »Über dreierlei Umgang«. In: *Essais.* Frankfurt am Main 1998.
Montua, Gabriel: »›Ich werde unter die Erde gehen, und Du wirst in der Sonne schreiten.‹ Licht und Schatten in philosophischen Impulsen des Wanderns um 1800.« in: Birgit Verwiebe und Gabriel Montua, Hrsg.: a.a.O.
Moritz, Karl Philipp: *Anton Reiser.* München 1991.
Müller, Wilhelm, und Franz Schubert: *Die schöne Müllerin / Die Winterreise.* Stuttgart 2001.
Nieberl, Franz: *Das Klettern im Fels.* München 1951.
Nietzsche, Friedrich: »Angesichts eines gelehrten Buches«. In: *Morgenröte / Idyllen aus Messina / Die fröhliche Wissenschaft.*
München, Berlin und New York 1999. | *Der Fall Wagner / Götzen-Dämmerung / Der Antichrist / Ecce homo / Dionysos-Dithyramben / Nietzsche contra Wagner.* A.a.O. | »Der Wanderer«. In: *Menschliches, Allzumenschliches.* A.a.O. | »Mit dem Fuße schreiben.« In: *Morgenröte / Idyllen aus Messina / Die fröhliche Wissenschaft.* A.a.O.
O'Brien, Flann: *Der dritte Polizist.* Frankfurt am Main 1975.
Osterkamp, Ernst: »In der Gegend umherschweifen. Literarische Wanderungen in Klassik und Romantik«. In: Birgit Verwiebe und Gabriel Montua, Hrsg.: a.a.O.
Ovid: *Metamorphosen.* Frankfurt am Main 1990.
Perrault, Charles: »Der kleine Däumling«. In: *Sämtliche Märchen.* Stuttgart 1986.
Petrarca, Francesco: *Die Besteigung des Mont Ventoux.* Frankfurt am Main 1996.
Platon: *Politikos.* In: *Sämtliche Dialoge.* Frankfurt am Main und Hamburg 1988.
Riehl, Wilhelm Heinrich: *Wanderbuch.* Stuttgart 1869.
Rosa, Hartmut: *Beschleunigung und Entfremdung.* Berlin 2013.
Rousseau, Jean-Jacques: *Abhandlung über den Ursprung und die Grundlagen der Ungleichheit unter den Menschen.* Stuttgart 2010. | *Bekenntnisse.* Frankfurt am Main und Leipzig 1985. | *Émile oder Über die Erziehung.* Köln 2010. *Träumereien eines einsam Schweifenden.* Berlin 2012.
Rückert, Friedrich: »Die drei Quellen«. In: *Gesammelte Gedichte.* Erlangen 1836.
Sand, George: *Briefe eines Reisenden.* Leipzig 1844.
Schiller, Friedrich: *Vom Pathetischen und Erhabenen.* Stuttgart 2009.
Schmidt, Arno: »Der Sonn' entgegen …«. In: *Studienausgabe.* Zürich 1987.
Schopenhauer, Arthur: *Die Welt als Wille und Vorstellung.* Frankfurt am Main und Leipzig 1996.
Serres, Michel: *Das eigentliche Übel.* Berlin 2009.
Seume, Johann Gottfried: *Mein Sommer*

1805. Leipzig 1978.
Sloterdijk, Peter: *Du musst dein Leben ändern.* Frankfurt am Main 2009.
Snyder, Gary: *No Nature.* New York 1992.
Solnit, Rebecca: *A Field Guide to Getting Lost.* New York et al. 2005. | *Wanderlust.* London 2014.
Stamm, Peter: *Weit über das Land.* Frankfurt am Main 2016.
Steinkopf, Leander: *Stadt der Feen und Wünsche.* Berlin 2018.
Stevenson, Robert Louis: »Walking Tours«. In: *Essays.* New York, Chicago und Boston 1892.
The Weeknd: »Wanderlust«. Auf: *Kiss Land.* New York 2013.
Thoreau, Henry David: *Vom Wandern.* Horn am Externsteine 1983. | *Walden oder Leben in den Wäldern.* Zürich 1971.
Treitschke, Heinrich von: *Deutsche Geschichte im neunzehnten Jahrhundert.* Leipzig 1885.
Wagner, Richard: *Siegfried.* Stuttgart 1998.
Walser, Robert: *Der Spaziergang.* Frankfurt am Main 1985. | *Poetenleben.* Frankfurt am Main 1985.
»**Weingartner Reisesegen**«. In: Wilhelm Wackernagel, Hrsg.: *Deutsches Lesebuch.* Basel 1883.
Weisshaar, Bertram: *Einfach losgehen. Vom Spazieren, Streunen, Wandern und vom Denkengehen.* Köln 2018.
Weizsäcker, Carl Friedrich von: »Begegnungen in vier Jahrzehnten«. In: Günther Neske, Hrsg.: *Erinnerung an Martin Heidegger.* Pfullingen 1977.
Wells, Benedict: »Die Wanderung«. In: *Die Wahrheit über das Lügen.* Zürich 2018.
Wense, Hans Jürgen von der: *Wanderjahre.* Berlin 2006.
Wilde, Oscar: *The Picture of Dorian Gray.* Oxford 2008.
Winkler, Willi: *Deutschland, eine Winterreise.* Berlin 2014.
Woolf, Virginia: »Stadtbummel. Ein Londoner Abenteuer«. In: *Virginia Woolf. Das Lesebuch.* Frankfurt am Main 2006.
Zopfi, Emil: *Über alle Berge.* Zürich 2010.

Bildquellenverzeichnis

S. 13 © Maria Hesse / Deutsches Literaturarchiv Marbach
S. 22/23 akg-images
S. 33 akg-images
S. 37 akg-images
S. 53 Heritage Images / Fine Art Images / akg-images
S. 63 akg-images / British Library / Science Photo Library
S. 66/67 akg-images
S. 75 akg-images
S. 83 akg-images
S. 91 akg-images
S. 98/99 akg-images / Science Source
S. 104/105 akg-images
S. 119 akg-images / André Held
S. 123 akg-images / Elizaveta Becker
S. 133 akg-images / Erich Lessing
S. 139 akg-images
S. 150/151 akg-images
S. 155 akg-images

Textauszug aus: *Robert Walser*, Sämtliche Werke in Einzelausgaben.
Herausgegeben von Jochen Greven. Band 5: *Der Spaziergang*.
Mit freundlicher Genehmigung der Robert Walser-Stiftung, Bern.
© Suhrkamp Verlag Zürich 1978 und 1985.

© Duden 2019 D C B A
Bibliographisches Institut GmbH,
Mecklenburgische Straße 53, 14197 Berlin

Redaktion: Iris Glahn
Lektorat: Rainer Wieland
Herstellung: Maike Häßler
Umschlaggestaltung,
Layout und Satz: Hanna Zeckau
Druck und Bindung: CPI books GmbH,
Birkstraße 10, 25917 Leck
Printed in Germany

ISBN 978-3-411-74458-9
www.duden.de